ESCRITOS MARGINAIS
DE UM JURISTA

H548e Herkenhoff, João Baptista
    Escritos marginais de um jurista / João Baptista Herkenhoff. – Porto Alegre: Livraria do Advogado Ed., 2005.
    149 p.; 14 x 21 cm.

    ISBN 85-7348-348-2

    1. Literatura brasileira - Ensaios. I. Título.

    CDU - 869.0(81)-4

    Índice para o catálogo sistemático:
    Literatura brasileira - Ensaios

    (Bibliotecária responsável: Marta Roberto, CRB-10/652)

João Baptista Herkenhoff

ESCRITOS MARGINAIS
DE UM JURISTA

livraria
DO ADVOGADO
editora

Porto Alegre, 2005

© João Baptista Herkenhoff, 2005

Capa, projeto gráfico e composição de
Livraria do Advogado Editora

Revisão de
Rosane Marques Borba

Direitos desta edição reservados por
Livraria do Advogado Editora Ltda.
Rua Riachuelo, 1338
90010-273 Porto Alegre RS
Telefax: 0800-51-7522
livraria@doadvogado.com.br
www.doadvogado.com.br

Impresso no Brasil / Printed in Brazil

Sumário

Apresentação	7
1 – Nas asas de um anjo	9
2 – Chico Xavier	12
3 – Luta contra o desemprego	15
4 – Escola e cidadania	18
5 – Tributo ao poeta Geir Campos	21
6 – Libertação de Glória Trevi	25
7 – Cidadania do idoso	28
8 – Jaime Wright, profeta da justiça	31
9 – O livro como trincheira	35
10 – Às mães com carinho	38
11 – Um mergulho no mundo	41
12 – Mulheres que lutam	45
13 – Natal de minha infância	48
14 – Nestor Cinelli, o livro como missão	51
15 – Privatizações	54
16 – O sol do pacifismo	57
17 – Sobre um motorista, sobre a saudade	60
18 – Teilhard de Chardin, no dia do teólogo	63
19 – Ternuras e paixões	66
20 – A alma das cidades	69
21 – Respeito ao aposentado	72
22 – Betinho, luz e chama de um povo	75
23 – Em memória de D. Luís Fernandes	78
24 – Esperança 100, fome 0	81
25 – Privatizaram a morte	84
26 – A alma do tempo	87
27 – Celebridades	90
28 – Urgência ética e desabrigados	93
29 – Flauta em surdina	96
30 – Justiça fiscal	99
31 – Uma lição de tolerância	102
32 – Maternidade é bombardeada	105
33 – Nova ética mundial	108
34 – Quinhentos anos de Brasil?	111
35 – Sem memória não há povo	114

36 – Telefonista, vínculo entre pessoas 117
37 – Testemunhou a justiça 120
38 – Muçulmanos, nossos irmãos 123
39 – CEBs, um movimento social transformador 126
40 – Deusdédit Baptista, o socialista utópico 132

Entrevista – Em defesa da Cidadania 140

Livros do autor, com registro das sucessivas edições 145

Referências bibliográficas 147

Apresentação

Num mesmo momento lanço dois livros – *Escritos marginais de um jurista* e *Escritos de um jurista marginal*. São livros gêmeos, não apenas porque nascem juntos, mas também porque há um liame que os une na concepção.

Ambos são livros marginais, embora o adjetivo "marginal" não esteja empregado no mesmo sentido, numa obra e na outra.

Em *Escritos marginais de um jurista*, o adjetivo (marginais) qualifica o substantivo "escritos". Os escritos é que são marginais. Ou seja: *Escritos marginais de um jurista* são escritos que se colocam à margem da produção habitual do jurista. São escritos nos quais o autor, embora jurista, trata de temas que, em princípio, não são jurídicos, ainda que possam apresentar pontos de ligação com o Direito.

Em *Escritos de um jurista marginal*, o adjetivo (marginal) qualifica o substantivo "jurista". O jurista é que se define como marginal. Assim, *Escritos de um jurista marginal* são escritos de um jurista divergente.

Marginal tem aqui o sentido que lhe dá Cláudio Souto, em belíssimo ensaio que publicou na revista *Notícia do Direito Brasileiro*.

Cláudio Souto usou a palavra "marginal" exatamente nesta acepção de "divergente".

Confira-se o trecho em que o vocábulo é empregado:

"Freyre cultuava a tradição, e isso tinha em comum com a Faculdade do Recife. Mas se esse culto pode tê-lo levado a ser conservador em certos aspectos, não o conduziu nunca a qualquer conservadorismo acadêmico".

"Academicamente falando, era, ao invés, um *marginal*. Um talentosíssimo *marginal* a provocar mudanças nos estilos intelectuais brasileiros".[1]

Tanto num livro, como no outro, alguns dos textos escolhidos já haviam sido publicados em jornal. Houve hipóteses de publicação em mais de um veículo. Quando isso aconteceu, só é feita remissão a uma fonte. O registro à fonte primitiva torna-se imperativo naqueles casos em que a consignação da data da publicação originária mostra-se relevante. Num elenco de situações, entretanto, as remissões feitas têm apenas um sentido simbólico.

João Baptista Herkenhoff

Endereços postal e eletrônico do autor:

Endereço postal:
Avenida Antônio Gil Veloso, n. 2.200
Edifício Murano – apartamento 1601
Praia da Costa
Vila Velha, ES
CEP – 29.101-012

Endereço eletrônico: jbherkenhoff@uol.com.br
Homepage: www.joaobaptista.com

---

[1] Cf. Cláudio Souto. *Ciência do direito e ciência social: revisitando Gilberto Freyre em seu centenário*. In: "Notícia do Direito Brasileiro". Nova Série. n. 8. Universidade de Brasília, Faculdade de Direito. 2001.

1 – Nas asas de um anjo

Diante da face sem vida de uma jovem de 20 anos, que morreu de leucemia, o autor reflete sobre o sentido último da vida. O autor não revela os laços que o unem a Lisandra porque Lisandra são todas as crianças, meninas, moças.

Existe vida depois da morte? Qual o destino do homem? Qual o sentido da vida? Que forças presidem à História?

Estas perguntas inquietam o ser humano, desde todos os tempos. Cientistas, filósofos, teólogos, artistas, por perspectivas diferentes, tentaram decifrar essas indagações.

Segundo os antropólogos, em nenhuma cultura conhecida o problema da vida, da morte, do destino do homem ficou à margem da preocupação da mente humana.

Como se explica que morra uma criança? Ou que morram, por mãos assassinas, pessoas de qualquer idade?

E quando todo um povo é submetido por anos, decênios ou séculos à opressão, à brutalidade, à tirania?

Existindo um Deus, assiste Ele, na sua onipotência, a tudo isso, passivamente?

Parece que às vezes vencem as forças do mal. Sentimos, em certos momentos, seja na vida pessoal, seja na vida de uma comunidade, seja na história de um povo, o silêncio de Deus. O tema foi objeto de um belo livro de Charles Moeller, que ganhei de presente há alguns anos atrás do querido amigo desembargador Job Pimentel.

O exemplar da obra está todo marcado, com inúmeras notas marginais, de tanto que o li, de tantas reflexões que provocou no meu espírito.

Não pretendo neste texto dar uma resposta a questões tão polêmicas. Mas quero sobre essas questões lançar um olhar, o humano olhar de quem muitas vezes também se posta perplexo diante do mistério da vida.

De início, afastaria a explicação fatalista. Não me convence.

Repugna-me também a idéia de concordar com a injustiça, como fenômeno natural e inelutável. Temos de lutar pela Justiça, temos de ajudar na construção de um mundo que seja digna morada do homem.

Vi, nesta semana, a face sem vida de uma jovem de 20 anos. Morreu de leucemia. Aos 2 anos de idade, a doença foi diagnosticada. Recebeu sério tratamento. Foi dada por curada. Mas sempre o temor de que pudesse haver uma volta da enfermidade trazia preocupação à família e aos amigos. E a recidiva aconteceu. E veio forte, para retirar-lhe a vida.

Os 18 anos que viveu, depois do diagnóstico, foram anos de alegria, vividos intensamente. Sua face era permanentemente uma face de luz. Seu rosto, sua voz, sua presença parecia uma ponte entre o efêmero e o eterno, o arco-íris que leva ao lugar onde os justos desencantam, como nos versos de Vinicius de Moraes.

Na verdade, se invertêssemos os algarismos, se em vez dos 18 anos que viveu, após a declaração da leucemia, tivesse vivido 81 anos, tenho dúvidas de dizer se 81 é mais que 18. Há vidas curtas que valem por vidas longas, há minutos que têm a intensidade de um século. O tempo não se mede no relógio, mas na essência de sua significação. Esta jovem – Lisandra – celebrou intensamente o dom da vida e partilhou a alegria, a doçura, o sonho, os projetos de mundo com generosa entrega de si.

Como seria vazia aquela casa da Rua Coronel Monteiro, em Cachoeiro de Itapemirim, se Lisandra nunca tivesse vivido ali, se não tivesse, através da sua sobrevida, permitido o cântico da Esperança e da Ação de Graças em tantos Natais?

Lisandra foi uma centelha do Eterno neste mundo fugaz. Como tantas outras crianças, atingidas pelo câncer e por doenças incuráveis, parte quando queríamos que ainda ficasse.

Teilhard de Chardin me socorre nestas horas. Aquela sua explicação sobre o Alfa e o Ômega, o caminho de todo o Cosmos em direção a Deus. Se a vida dura apenas uma hora, na morte do recém-nascido, ou sete anos, no desenlace precoce de uma criança, ou se a vida bruxoleia apenas 20 anos, como no sorriso em que se apagou Lisandra, todos esses trajetos – curtos ou longos – são trajetos integradores da comunhão no Cosmos, indispensáveis à caminhada universal.

Eu não disse se Lisandra é uma sobrinha, uma neta, ou a filha de um amigo dileto. Lisandra é tudo isso. Lisandra são todas as crianças, as jovens marcadas pela doença, as vidas desenganadas. Desenganadas? Desenganados somos nós nos nossos enganos, nas seguranças transitórias, nos portos que supomos sejam âncoras de aço. Sem coragem de voar, e voar, e voar, nas asas de um Anjo...

2 – Chico Xavier[2]

A grande figura humana e mística de Chico Xavier é o centro desta página.

Na homenagem a Chico Xavier, o autor faz um retrospecto de sua própria biografia religiosa – de uma atitude dogmática na juventude para uma atitude de tolerância e abertura, na idade adulta.

Chico Xavier... Francisco Xavier... Eu o vejo Francisco de Assis Xavier, muito próximo de São Francisco de Assis...
Um católico, outro espírita... Um frade, outro médium... Um italiano, outro brasileiro...
Grandes diferenças? Abismos?
A meu ver, de forma alguma.
Detalhes, simples detalhes...
Nem sempre pensei assim. Tive, na juventude, como católico, uma atitude bem mais dogmática em relação ao Espiritismo. Minha visão era fruto de uma época, bem antes de João XXIII, o Papa que abriu o caminho para o diálogo da Igreja Católica com outras Igrejas cristãs e com o pluralismo de idéias e correntes de pensamento do mundo contemporâneo. De outro lado, a idade nos ensina, nos aconselha não só a falar, mas, sobretudo a ouvir. O tempo que vivi na França, estudando a gênese universal dos Direitos Humanos, ajudou-me muito a compreender o legado de profetas, sábios, líderes das mais diversas crenças e filosofias, na construção da herança espiritual e ética da Humanida-

---
[2] Publicado no jornal *A Tribuna*, de Vitória, edição de 6 de julho de 2002.

de. Nenhum credo, nenhuma corrente de pensamento pode pretender o monopólio da verdade. A verdade não é propriedade de ninguém, ela está difundida no coração dos homens.

Penitencio-me hoje de tudo que fiz, pensei ou escrevi, fechado na "minha verdade", como se eu, simples mortal, pudesse ser o depositário das verdades.

Com a cabeça que tenho hoje, vejo claramente que um traço fundamental liga Chico Xavier e São Francisco de Assis. Esse traço, essa senha, essa marca é o Amor, a capacidade de dedicação ao próximo, a entrega sem reservas e sem medo à opção de vida que ambos fizeram.

O Brasil fica mais pobre sem Chico Xavier... Fará muita falta a nosso povo sofrido... Quem o substituirá no lenitivo que proporcionava a tantas dores?

Não apenas a ação de Chico Xavier me impressionava. Ultimamente, seu olhar me impressionava, seus gestos, sua presença. Era alguém que parecia pairar acima da realidade circundante para estar sempre contemplando um horizonte que transpõe o tempo e o espaço.

Chico Xavier acreditava na reencarnação. Francisco de Assis entendia que um único elo liga esta vida transitória à vida depois da morte.

São questões doutrinárias... Que cada um resolva estas matérias segundo sua consciência, pois a consciência é espaço inviolável que constitui exigência de preservação da dignidade humana.

Mas Chico Xavier, professando a idéia de reencarnação, afirmava que, em determinado momento, o espírito humano, na sua jornada, atingiria a condição de "Espírito de Luz".

Aperfeiçoando-se, crescendo, purificando-se, a mortalha humana alcançaria os píncaros da extrema Pureza, seria um facho de Luz, reflexo da própria Divindade.

Eu imagino o encontro de Chico Xavier, Espírito de Luz, e São Francisco de Assis, o pequenino entre os menores, raio de amor e de luz. Eu imagino o abraço fraterno dessas almas singulares. Eu imagino a sintonia absoluta de ambos nos terrenos da dimensão infinita do Amor, esse Amor que tudo constrói, tudo transpõe, tudo relativiza porque tudo é provisório e inconsistente, só o Amor, como disse Paulo Apóstolo, só o Amor é transcendente e absoluto.

Neste mundo de guerras, de incompreensão, de intolerância, Chico Xavier e São Francisco de Assis são símbolos de encontro e de diálogo.

Quanto nos ensinam esses dois profetas, como será útil o legado deles, quer no Brasil, quer no mundo, para que se divise um futuro de esperança para todos nós.

Cada um pode ter sua Fé, sua crença, sua visão peculiar da vida e dos mistérios da vida. O respeito a esse espaço é condição da convivência democrática e de sobrevivência da Civilização.

Acho que a Humanidade avança se, no campo da Fé, prevalece uma visão ecumênica e se, no campo da ação concreta, unem-se todos aqueles que desejam um mundo mais justo, mais igualitário, mais humano.

3 – Luta contra o desemprego

O autor defende que pequenas medidas possam aliviar o peso dos dramáticos problemas sociais. Não desconhece, entretanto, que providências profundas sejam indispensáveis. Numa luta contra a fome há que se dar relevância a um esforço nacional em busca do pleno emprego.

Numa luta contra a fome, assume realce a luta pelo pleno emprego, pois, para não ser humilhante, o pão há de ser obtido como fruto do trabalho. E temos condições, no Brasil, de proporcionar trabalho para todos, desde que se privilegiem as opções éticas, desde que os rumos políticos e econômicos sejam orientados com base nos interesses nacionais, e não a reboque dos interesses estrangeiros.

Não pretendemos, neste texto, examinar a questão do emprego em toda a sua profundidade. Vamos abordar apenas dois pontos laterais que, por serem laterais, não me parecem desprovidos de importância, sobretudo pelo que há de simbólico nisto de afirmar o compromisso de *todos* na construção de um Brasil que integre *todos* os brasileiros.

Não desejamos tratar do assunto, na perspectiva do economista, mas na perspectiva do leigo que, entretanto, dispõe da faculdade de pensar.

Suponho que o Brasil resolveria muitos problemas através do senso comum, que às vezes os especialistas perdem, enredados nas suas elucubrações. Também na minha área, o Direito, isso acontece. No campo jurídico, é comum o debate que se faz sem os pés no chão.

Temos de começar por ver a realidade, fugindo do vício, tão comum, de copiar modelos, inteiramente inadequados ao Brasil. Não estamos num país onde haja carência de mão de obra. Não estamos num país altamente industrializado. Por esta razão causa-me revolta ver como muitas empresas são ciosas de "enxugar" (é a palavra da moda) os seus quadros de empregados, à custa da deterioração dos serviços prestados e da estratégia de transformar os consumidores em empregados.

Enerva-me pedir uma informação por telefone e ser atendido por uma gravação impertinente que me manda apertar, seguidamente, números e mais números até que eu chegue (se chegar) a uma pessoa de carne e osso que vai me atender.

Nos supermercados, é comum que, além de comprar mercadorias, eu seja obrigado a embalar o que comprei, como se isso não fosse obrigação de quem vende.

Em grandes lojas, tenho de peregrinar pelos corredores procurando a mercadoria que desejo, sem um só trabalhador para me ajudar.

Quantos postos de trabalho (modestos postos de trabalho, sem dúvida) são subtraídos ao povo, através desses expedientes maliciosos!...

O público poderia resistir a esse abuso e dar preferência aos estabelecimentos comerciais que economizem menos com empregados. Ou procurar mesmo, sempre que possível, as pequenas lojas onde o habitual é o contacto vendedor-comprador, face a face.

Uma outra questão.

Betinho, o grande Profeta contra a Fome, um iluminado, lançou como desafio que cada família de classe média no Brasil proporcionasse um emprego a alguém. Que emprego a família de classe média pode proporcionar? Apenas um emprego doméstico. Mas isso já valeria alguma coisa.

De que modo poderia ser estimulada a geração desses modestos empregos domésticos? A meu ver, de duas maneiras bem simples. Em primeiro lugar, reduzindo ao mínimo o encargo previdenciário resultante do trabalho doméstico. Uma casa não é uma empresa. Em segundo lugar, criando um incentivo fiscal, no imposto de renda, que beneficiasse as famílias que empreguem trabalhadores, no âmbito do lar.

Há diversos exemplos, no Brasil, de pequenas soluções que têm resolvido ou abrandado grandes problemas. Esta reflexão não obscurece questões de maior envergadura que envolvem o desemprego. Mas acreditamos que, ao lado de providências de maior peso, pequenas medidas podem reduzir as aflições de muitos seres humanos.

4 – Escola e cidadania[3]

O papel da escola como formadora do cidadão é o tema deste escrito.

O autor defende a idéia de que a formação cidadã democrática integre a pauta das grandes preocupações nacionais.

Não é tradição brasileira a influência da escola na formação político-social do povo. Durante longos períodos de nossa História, a Política foi tema proibido ou considerado de somenos importância na formação do jovem. A Educação para a Cidadania ficava fora dos currículos e da preocupação das escolas.

Cantar simplesmente o Hino Nacional, como sempre se fez, obviamente não pode ser considerado um programa de formação para a cidadania. É louvável, a meu ver, que se cante o Hino Nacional. O Hino nos faz sentir que somos um povo, temos uma História comum e há pela frente um país a construir com garra e amor. Além disso, nosso Hino é realmente muito belo. Mas de forma alguma a educação para a Cidadania pode limitar-se à prática de cantar o Hino Nacional.

Lembro-me que, no ginásio, tinha de enfrentar a análise sintática do Hino Nacional. A tarefa começava por colocar na ordem direta os longos períodos e encontrar as palavras ocultas: As margens plácidas do (rio) Ipiranga ouviram o brado retumbante de um povo heróico. E por aí seguia.

[3] Publicado na *Tribuna da Imprensa*, do Rio de Janeiro, edição de 28.10.2003.

O Governo João Goulart, pouco antes da deposição do Presidente, criou nas escolas de grau médio (antigos ginásios) a cadeira de "Organização Social e Política Brasileira". Muito bem projetada pelos seus idealizadores, essa disciplina tinha a finalidade de contribuir para a formação político-social do educando, de modo que se tornasse um cidadão consciente e prestante.

Tenho a honra de ter sido um dos primeiros professores dessa disciplina, lecionando-a em Cachoeiro de Itapemirim.

Com o golpe de 1964 e a ideologia de "Segurança Nacional", em que se apoiou, o projeto de formação democrática do Governo João Goulart foi adulterado. A disciplina "Organização Social e Política Brasileira", embora formalmente mantida, foi ligada à cadeira de "Educação Moral e Cívica", que então foi criada. As diretrizes governamentais endereçavam essas disciplinas a inculcar na juventude a ideologia do que então se entendia como "segurança nacional". Na verdade, não se tratava de autêntica Segurança Nacional, mas de segurança do regime ditatorial, através do controle das consciências e de uma maciça lavagem cerebral.

Embora fosse difícil enfrentar o regime de frente, nem todas as escolas e professores dobraram-se ao poder dominante e a seu intento de impor à juventude o pensamento oficial. A história da resistência democrática, o boicote inteligente e silencioso às ordens do déspota ainda não foi escrita e talvez não possa nunca ser escrita, por falta de documentação suficiente. Essa constatação, de qualquer forma, é motivo de crença no Brasil.

Superada a fase do regime ditatorial, votada uma nova Constituição, realizadas várias eleições diretas, nos planos federal, estadual e municipal, creio que a educação para a Cidadania, a formação democrática deve voltar à pauta dos grandes temas nacionais.

A escola tem um papel valioso na construção do perfil do verdadeiro cidadão.

Cabe à escola:

a) proporcionar formação política aos alunos, educar enfim para a cidadania, quer através do currículo, quer de forma extracurricular;

b) acompanhar e debater, isenta de sectarismos partidários, a vida política do município, do Estado e do país, aproveitando-se da ajuda que possam proporcionar outras instituições sociais;

c) exercer ação educativa sobre a família e a comunidade.

A leitura crítica de jornais nas salas de aula, o debate dos fatos do momento, a visão do presente com olhos postos no futuro, a integração de todas as atividades escolares sob a inspiração do desejo de contribuir para formar integralmente o ser humano – eis um projeto de escola conscientizadora e libertadora.

5 – Tributo ao poeta Geir Campos[4]

Esta página, escrita sob a emoção da notícia do falecimento de Geir Campos, é uma homenagem ao grande poeta brasileiro nascido no Estado do Espírito Santo. Em 2002 tive a alegria de franquear a Léo Christiano o arquivo que Geir Campos confiou a mim e a minha mulher, com esta dedicatória:
"Para João, que gosta de guardar, e para Therezinha, que ajuda e muito, estes recortes com um grande abraço do amigo
Geir
Vitória, nov. 28/78."
Léo Christiano fez esplêndido uso desse arquivo. Sob a chama desse documentário, publicou a "Antologia Poética" de Geir Campos, com organização e projeto gráfico de Israel Pedrosa.
Na Apresentação da obra (p. 18), Léo Christiano teve a gentileza de registrar:
"Os dados críticos acima publicados colhidos no arquivo de documentação sobre Geir Campos, sob a guarda do dr. João Baptista Herkenhoff, foram gentilmente cedidos para esta edição, por interferência amiga de Dora Sodré".[5]

Geir Campos soube fazer da vida um gesto contínuo de fraternidade. Realizou no cotidiano da existência a proposta de sua poesia: cumpriu a "Tarefa", ponto por

---

[4] Publicado no jornal *A Tribuna*, de Vitória, na edição de 12 de junho de 1999.

[5] Cf. Geir Campos. *Antologia Poética*. Organização e projeto gráfico de Israel Pedrosa. Rio de Janeiro, Léo Christiano Editorial, 2003.

ESCRITOS MARGINAIS DE UM JURISTA

ponto, e confiou "à gente exausta o plano de um mundo novo e muito mais humano".

Em novembro de 1978, vindo a Vitória, Geir trouxe um volume de recortes de jornal, com sua trajetória de vida, para doar a um arquivo público. Ao ver nosso arquivo, num impulso de generosidade, senta-se junto à mesa da biblioteca e escreve uma dedicatória, para deixar conosco o precioso testamento.

Mantive com Geir uma correspondência de 30 anos. Suas cartas tratam de fatos políticos, revelam suas preocupações com o destino do país, relatam episódios de sua vida acadêmica e literária e narram até sua luta para vender os próprios livros, num país em que são tão poucas as livrarias e é tão deficiente a distribuição dos livros.

Geir Campos foi consagrado pela crítica como "poeta maior". O autorizado Moacyr Félix incluiu Geir no rol dos 41 mais importantes poetas brasileiros, em antologia que está para sair. Seu nome e sua obra figuram nas enciclopédias, nos manuais de literatura etc. Geir publicou vários livros de poesia: Rosa dos Rumos, Arquipélago, Operário do Canto, Canto Provisório, Cantigas de Acordar Mulher, Carta ao Homem da ONU, Metanáutica. Também publicou "O Vestíbulo" (contos) e "Pequeno Dicionário de Arte Poética". Traduziu Brecht, Whitman e Rilke, em trabalhos que são considerados primorosos porque recriou, em português, a obra desses grandes nomes da poesia universal. O Jornal do Brasil, logo depois de sua morte, designou-o "um Poeta militante", título que talvez resuma sua vida e sua obra. Seria bom, a meu ver, que passasse a integrar a leitura exigida dos vestibulandos, em nossa UFES.

No dia 8 de maio passado,[6] chegando a Vitória recebi, ainda no Aeroporto, a notícia de que Geir partira. No impacto da emoção, escrevi o texto que se segue:

---

[6] Oito de maio de 1999.

Poeta não morre. Parte em direção ao infinito, para o encontro definitivo com o Bem e o Belo.
· Poeta não morre. Vai e deixa a saudade.
Poeta não morre porque não morre a Poesia. Não podemos viver sem poesia. É o poeta que não permite que fiquemos órfãos. É a poesia que nos faz acreditar, e lutar, e superar, e suportar, e fazer projetos de mundo. Fica, Operário do Canto, fica conosco, mesmo depois de partir:

"Operário do canto me apresento
Sem marca ou cicatriz, limpas as mãos
minha alma limpa, a face descoberta,
Aberto o peito, e – expresso documento –
a palavra conforme o pensamento."

Você nos ensinou, meu Poeta, que há a doce beleza de experenciar a vida. Não existe carta de navegação que diga o "como fazer" o caminho. Só fazendo é que podemos descobrir a rota. Ela não está à venda nos mercados. Como este ensino é importante num tempo em que se pretende vender a felicidade e a fórmula de viver:

"Posso te dar a carta de marinha
mas o traço que nela insinuasse
um entre tantos rumos
não.
Posso te dar as tábuas de marés
mas a leve emoção de cavalgar
onda e onda após onda
não.
Posso te dar a rosa e o timão
mas o desequilíbrio concertante
ao balanço de bordo
não.
Posso te dar o gorro marinheiro
mas a pressão do linho nos cabelos
enquanto sopra o vento
não.

ESCRITOS MARGINAIS DE UM JURISTA   23

Posso te dar a direção da chuva
mas o gosto da baga salitrada
escorrendo no rosto
não.
Posso te dar os nomes de alguns peixes
mas o espanto de vê-los acender
fosforescentes rastros
não.
Posso te dar frios conhecimentos
mas o que se acalenta no convívio
amoroso do mar
não."

Testemunhei um momento de emoção na vida de Geir Campos. Seu reencontro com São José do Calçado, sua terra natal. Lembro-me que o Poeta quis subir as escadas da casa em que nasceu e a quis subir sozinho. Naqueles espaços da infância ficou em silêncio.

Esta casa deve ser tombada, como patrimônio histórico, pela Prefeitura de Calçado. O grande Poeta merece este tributo de sua cidade natal. Que não seja apenas uma casa que guarde lembranças de Geir. Que seja uma célula de cultura popular, coerente com a visão política de Geir – um Poeta que cantou um mundo de Justiça e Igualdade, fundado no respeito à dignidade da pessoa humana:

"Guardo a Declaração dos teus Direitos,
que meu país subscreveu,
ó Homem da ONU,
como quem guarda um livro de orações."

6 – Libertação de Glória Trevi[7]

A cantora Glória Trevi foi livre de prisão para que pudesse dar à luz, num hospital de Brasília. A decisão foi tomada pelo presidente do Supremo Tribunal Federal, em dezembro de 2001. O fato teve ampla cobertura da imprensa nacional. Em alguns registros ficou a idéia do ineditismo da interpretação legal.
O autor, em nome da verdade, registra o precedente judicial criado no Estado do Espírito Santo, em 1978.
Este texto não é escrito marginal de um jurista. Veio para este livro para evitar que no livro "Escritos de um jurista marginal" houvesse dois capítulos transcrevendo o mesmo despacho.

Os jornais noticiaram que a cantora mexicana Glória Trevi foi livre de prisão, na Penitenciária da Pampulha, em Brasília, para que seu filho Gabriel pudesse vir à luz em um hospital público do Distrito Federal.

O ato judicial concessivo da liberdade foi assinado pelo presidente do Supremo Tribunal Federal.

O fundamento do despacho foi o direito, reconhecido ao nascituro, de nascer em condições adequadas, ao lado do princípio de preservação da dignidade humana.

Nenhum dos jornais que pude ler registrou a existência de qualquer precedente na Justiça, baseando a libertação de uma grávida no próprio fato da gravidez.

Em alguns dos registros ficou a impressão de que a decisão do presidente do Supremo seria inédita.

---
[7] Publicado em 28.12.01, no Diário de Cuiabá.

ESCRITOS MARGINAIS DE UM JURISTA   25

Mas antes desse despacho do ministro do Supremo, a gravidez autorizou sim a libertação de uma presa. O precedente ocorreu na 1ª Vara Criminal de Vila Velha, no Espírito Santo. O despacho foi proferido em 9 de agosto de 1978, no processo n° 3.775, e foi publicado no jornal "A Tribuna", de Vitória, na edição de 11 de agosto.

O juiz do despacho foi o autor deste artigo. Faço a ressalva, não pelo "desejo de aparecer" (uma expressão coloquial de forte conteúdo semântico), mas pelo tributo que a Verdade merece.

Segue-se a íntegra do despacho, na sua versão original:

"A acusada é multiplicadamente marginalizada: por ser mulher, numa sociedade machista; por ser pobre, cujo latifúndio são os sete palmos de terra dos versos imortais do poeta; por ser prostituta, desconsiderada pelos homens, mas amada por um Nazareno que certa vez passou por este mundo; por não ter saúde; por estar grávida, santificada pelo feto que tem dentro de si, mulher diante da qual este Juiz deveria se ajoelhar, numa homenagem à maternidade, porém que, na nossa estrutura social, em vez de estar recebendo cuidados pré-natais, espera pelo filho na cadeia.

É uma dupla liberdade a que concedo neste despacho: liberdade para Edna e liberdade para o filho de Edna que, se do ventre da mãe puder ouvir o som da palavra humana, sinta o calor e o amor da palavra que lhe dirijo, para que venha a este mundo tão injusto com forças para lutar, sofrer e sobreviver.

Quando tanta gente foge da maternidade, quando pílulas anticoncepcionais, pagas por instituições estrangeiras, são distribuídas de graça e sem qualquer critério ao povo brasileiro; quando milhares de brasileiras, mesmo jovens e sem discernimento, são esterilizadas; quando morre Paulo VI, Papa da Vida, Papa da *Humanae Vitae*, ainda insepulto, que afirmou ao Mundo que os seres têm direito à vida, que é preciso distribuir melhor os bens da Terra e não reduzir os comensais; quando, por motivo de conforto ou até mesmo por motivos fúteis, mulheres se privam de gerar, Edna engrandece hoje este Fórum, com o feto que traz dentro de si.

Este Juiz renegaria todo o seu credo, rasgaria todos os seus princípios, trairia a memória de sua Mãe, se permitisse sair Edna deste Fórum sob prisão.

Saia livre, saia abençoada por Deus, saia com seu filho, traga seu filho à luz, que cada choro de uma criança que nasce é a esperança de um mundo novo, mais fraterno, mais puro, algum dia cristão. Expeça-se incontinenti o alvará de soltura."

7 – Cidadania do idoso[8]

Debruçando-se sobre a situação do idoso, o autor indaga: O que fazer para resguardar um "mínimo ético" dentro de uma sociedade capitalista? O texto procura encontrar brechas para essa difícil empreitada.

A ordem do Ministro da Previdência, depois revogada, bloqueando o pagamento de benefícios de que são credores os maiores de 90 anos, repõe na mesa de debates a questão da Cidadania do idoso.
O respeito ao idoso não é um fato natural nas sociedades capitalistas. Nestas, as pessoas são valorizadas pela capacidade de produzir e consumir. O idoso não "produz", na visão que as sociedades capitalistas têm do que seja produção. A única "senha" de que dispõe o idoso, para ter o *status* de "pessoa", nessas sociedades, é ser "consumidor".
Estamos mergulhados numa sociedade capitalista. O que fazer então para resguardar um "mínimo ético", dentro de uma tão desumana forma de organização social?
Creio que a primeira atitude que devemos adotar é a de buscar manter um "nível de consciência" que nos permita discernir com clareza os fatos de cada dia e sobre esses fatos emitir julgamento.
Tenha o idoso, ele próprio, sentimento de auto-estima e valor. A propósito desse tema, como são encorajadores os ensinamentos bíblicos: o Gênesis indica a vida

---
[8] Publicado em A Notícia, de Jonville, edição de 23.11.03.

longa como um prêmio concedido por Deus; o Eclesiástico ensina que a experiência acumulada pelo idoso deve ser guia para os jovens; o Livro da Sabedoria sentencia que os cabelos brancos são sinal e virtude dos mais velhos.

Também filósofos e escritores nos ajudam a compreender o significado da Terceira Idade: uma bela velhice é a recompensa de uma bela vida (Pitágoras); saber envelhecer é a obra-prima da sabedoria e uma das partes mais difíceis da grande arte de viver (Amiel); os velhos precisam de afeto, como precisam de sol (Victor Hugo); não respeitar a velhice equivale a demolir de manhã o telhado da casa em que se há de pousar de noite (Karr).

Algumas pessoas encaram a aposentadoria como se marcasse o "ponto final" nas atividades produtivas. Nisto fazem coro, inconscientemente, à visão capitalista do que seja produzir.

No caso dos magistrados (meu ofício), o assunto é tão sério que atinge a dimensão existencial.

Mas o fato não ocorre apenas com juízes. Advogados, professores, médicos, comerciantes, bancários, jornalistas, funcionários públicos graduados ou modestos, profissionais em geral experimentam a contraditória angústia da aposentadoria.

Conselhos e sugestões de psicólogos e médicos tentam propor estratégias para que o "rito de passagem" ocorra sem traumas.

De minha parte, a aposentadoria como juiz de Direito foi sofrida. Desligava-me de um trabalho a que me dediquei com entusiasmo e vocação.

Continuando, entretanto, a exercer o magistério na Universidade Federal do Espírito Santo, pude suportar melhor a perda do cargo de juiz.

Ultrapassei em quase dois anos o tempo exigido para a aposentadoria como professor. Essa teimosa obstinação rendia-me um prejuízo mensal, ou seja, eu deixava de perceber os acréscimos salariais que a inatividade me conferiria.

Surge então no cenário do país um Ministro banqueiro lançando anátemas contra os professores. Não resisti aos impropérios. Solicitei aposentadoria. Mas fiquei acabrunhado.

Minha tristeza só desapareceu quando encontrei um novo itinerário.

Sou hoje um Professor Visitante (no meu Estado) e um Professor Itinerante (no Brasil). Tenho percorrido o país, de norte a sul, dando seminários de Cidadania, Ética e Direito, em universidades, OABs e outras instituições.

O caminho que encontrei resultou do conselho de pessoas amigas. Mas não é o único possível.

Muitas coisas extremamente úteis e emocionalmente gratificantes podemos fazer nesta vida, independente de estar aposentado ou não. Cada pessoa procurará a rota da felicidade, de acordo com as circunstâncias.

8 – Jaime Wright, profeta da justiça

Num país de jovens, como o Brasil, cresce de importância narrar a História, testemunhar.
Esta página homenageia o Reverendo Jaime Wright, digníssimo Pastor presbiteriano que, junto com o Cardeal Paulo Evaristo Arns, foi o responsável pelo projeto "Brasil Nunca Mais", do qual resultou a edição do livro – "Brasil: Nunca Mais".
"Brasil Nunca Mais" é a história da tortura contra presos políticos, institucionalizada no país pelo regime ditatorial que começou em 1964 e teve um brutal recrudescimento em 1968.
Jaime Wright foi um grande combatente dos Direitos Humanos.
Faleceu em Vitória, em 29 de maio de 1999.[9]

Às vezes é preciso que deixemos passar o impacto da perda de uma pessoa que muito estimamos para nos debruçarmos sobre o significado daquela vida que se foi.

O Brasil é um país de jovens. Fatos que ocorreram há três decênios são fatos longínquos para a maioria da população. Os mais velhos têm o dever de transmitir às gerações mais novas o legado histórico.

---

[9] Este texto foi propositadamente publicado numa revista de profunda inspiração católica. Pareceu ao autor que justamente numa revista assim é que deveria ser reverenciado o Pastor presbiteriano Jaime Wright, como demonstração de que a luta pelos Direitos Humanos transpõe as confissões religiosas e deve ser um elo entre os crentes de todas as crenças. Conferir: Almanaque de Nossa Senhora Aparecida. Ano 2000. Aparecida, Editora Santuário, Ecos Marianos 2000. Antes, pouco depois da morte do Reverendo Jaime Wright, este texto fora publicado no jornal *A Tribuna*, de Vitória.

O Reverendo Jaime Wright, que faleceu recentemente e foi sepultado em Vitória, tem seu nome nacional e internacionalmente ligado a um livro – *Brasil Nunca Mais*.

A obra conta com pormenores a história da tortura política praticada de maneira sistemática durante a ditadura instituída no país em 1964 e aprofundada em 1968. Curiosamente, não é um livro de vingança. Pelo contrário, é um livro de Esperança. Não alimenta a idéia de ódio. Registra-se para que se saiba e com o propósito de construir um futuro livre da tortura.

Brasil Nunca Mais convoca a consciência ética do povo: nunca mais a tortura política, nunca mais a tortura dos prisioneiros comuns!

Mesmo depois da publicação desse pungente livro, que esteve entre os mais vendidos durante vários anos, a tortura nas dependências policiais continua sendo praticada. E pior ainda: praticada com o apoio de uma parte da sociedade e com a omissão de outra parte. Mas é preciso ressalvar. Com a resistência de muitos cidadãos e organizações civis. A indignação de setores atuantes da sociedade, no recente episódio de nomeação de Diretor da Polícia Federal,[10] é prova da intransigência ética, que se sedimenta na alma do povo brasileiro, com relação à tortura.

Mas essa consciência ética ainda não teve força suficiente para acabar com a tortura, nas centenas de delegacias e prisões deste país.

O livro *Brasil Nunca Mais*, fruto do trabalho de uma equipe, foi publicado num momento em que se lutava para derrubar a ditadura. Ainda era um momento de perigo para todos os que se atreviam a acusar o poder estabelecido de desvios insuportáveis, no campo dos Direitos Humanos.

---

[10] A referência do texto é à pretendida nomeação, para a direção da Polícia Federal, de pessoa envolvida com a prática da tortura no período ditatorial.

Brasil Nunca Mais não poderia ser editado, nem teria respaldo moral, no Brasil e fora do Brasil, sem que figuras de alta expressão e respeitabilidade avalizassem as denúncias.

Avalizar o documentário da tortura, no instante histórico em que sua repercussão começava a extravasar o controle da censura, implicava risco de vida. Assim, além de respeitados, os avalistas do projeto tinham de ser pessoas sem medo da morte.

Dois brasileiros dispuseram-se a apoiar o projeto-denúncia, desde o início, quando ainda era elaborado de forma clandestina. E depois expuseram seu nome e seu prestígio à luz, quando o documento pôde enfim ser editado.

Foram dois líderes religiosos os mentores e avalistas desse resgate histórico: o Cardeal D. Paulo Evaristo Arns e o Reverendo Jaime Wright.

O Reverendo Jaime Wright viveu seus últimos anos em Vitória. Sou testemunha de que continuou até o fim sua luta pela Justiça, não transigindo com qualquer espécie de violência à dignidade da pessoa humana.

Foi um Profeta da Justiça, no sentido mais rigoroso da profecia.

Foi também um Profeta do Ecumenismo. Compreendeu e praticou uma verdade bastante conseqüente. Algumas questões de dogma e de doutrina separam os cristãos entre si e separam o Cristianismo e outras crenças não cristãs. Mas um princípio fundamental aproxima um elenco muito grande de crenças: a idéia de sacralidade da pessoa humana.

Em face de um ponto de união tão profundo entre as crenças, as divergências perdem densidade.

Por acreditar nisso, o Reverendo Jaime Wright dedicou grande parte de seu ministério eclesial ao diálogo e à comunhão ecumênica.

Cumpriu a missão de unir as diversas Igrejas cristãs quando se tratava de lutar contra qualquer forma de opressão e marginalização. Aqui no Espírito Santo integrou a Comissão de Justiça e Paz. Ali fomos companheiros de Utopia. Apoiou com paixão todas as iniciativas que tinham como motivação construir um mundo que fosse digna morada provisória do homem imortal.

Deixa Jaime Wright um exemplo. Comparece à mansão de Deus com as mãos cheias. Seu espírito, certamente, já divisa a Eterna Luz.

9 – O livro como trincheira

A partir de um exemplar do Código Civil francês, que o autor adquiriu na França, desenvolvem-se as considerações desta página.

Na visão do autor, nenhum progresso tecnológico substituirá o livro, pelo encanto de sua forma, pela beleza de sua apresentação.

Parece que o livro carrega uma alma dentro de si.

Tenho em minha biblioteca o Código Civil francês, decretado em 1803. Este código é conhecido como "Código de Napoleão". A edição é de 1838. É um trabalho esmerado de arte, naquele tempo em que o ofício tipográfico era um artesanato de amor e vocação. Lembro-me, a propósito, de Hélio Ramos e Trófanes Ramos, dois símbolos da imprensa cachoeirense, cujas mãos compuseram textos de Rubem Braga, Newton Braga e Sérgio Buarque de Holanda, dentre tantos outros, em jornais como o "Correio do Sul", "O Progresso" e "Folha da Cidade".

Na primeira página de nosso exemplar do Código Civil francês, aparece a assinatura de E. Lefranc, provavelmente o primeiro proprietário do livro. Por quantas mãos terá o livro passado depois que Monsieur Lefranc lançou nele sua assinatura?

Adquiri essa preciosidade num sebo, em Paris.

Dizia Napoleão que a posteridade esqueceria suas guerras, suas conquistas militares. Para a História o que ficaria seriam seus Códigos e, especialmente, o Código Civil.

Não errou Napoleão Bonaparte. Seu Código Civil não vigora na França de hoje. Contraditoriamente, os fundamentos jurídicos dele alimentam, não apenas o Código Civil francês atual, mas códigos de muitos países, no mundo contemporâneo, inclusive o Brasil.

É claro que o Direito é histórico e dinâmico. Mas há sempre uma substância do passado que perdura no presente, há uma tradição doutrinal que atravessa os tempos.

Mas não é bem sobre Direito que queremos falar. Estamos a pensar na perpetuidade do livro, como obra humana.

Os jornais e revistas, depois de lidos, são lançados ao lixo, salvo os exemplares que se destinam a coleções, e salvo matérias escolhidas que algumas pessoas têm o hábito de preservar, através de "recortes".

Quanto a textos, lidos no rádio ou apresentados na televisão, ficam apenas na retina e no ouvido das pessoas, sem qualquer salvaguarda contra o tempo, salvo eventuais gravações de matérias de excepcional importância real ou afetiva.

A perpetuidade do livro contrasta com a transitoriedade do jornal e das matérias veiculadas por rádio e televisão. Poucas pessoas destroem livros. O mais comum é passar o livro adiante, quando pelo mesmo alguém deixa de ter interesse. Por outro lado, sebos e bibliotecas estão aí para socorrer a vocação de eternidade que os livros têm.

Jornais, rádios e emissoras de televisão discutem fatos do momento e exercem enorme influência na opinião pública. Um grande jornal pode ter edição de cem mil exemplares ou mais. As edições de um livro oscilam, em regra, entre mil e cinco mil exemplares.

Que mistério, então, faz com que o livro tenha tamanha influência na História? Por que idéias, defendidas em livros, mudaram a vida da Humanidade?

Religiões, credos políticos, doutrinas econômicas, teses científicas têm, nos livros, a sua principal arma de propagação.
Parece haver algo de místico no livro. E esse misticismo, ou esse mistério, tem no "objeto livro" a sua chave. De minha parte, só de livros esgotados tiro cópias xerox. E não gosto de ler livros na Internet. O que me emociona é compulsar o livro, na sua versão autêntica, virar as páginas, sentir no tato o calor e até mesmo a aspereza das folhas, marcar os trechos que me pareçam mais importantes, lançar notas de leitura à margem do texto.
Suponho que o livro não vá acabar nunca. Nenhum progresso tecnológico substituirá o encanto de sua forma, a beleza de sua apresentação, a alma que o livro carrega dentro de si.
Vejo o livro como trincheira, instrumento de luta por idéias, repositório de sonhos, caminho e destino, esforço do espírito humano para que a vida, mesmo curta, não seja pequena.

10 – Às mães com carinho[11]

Como homenagear a Mãe com o sopro da universalidade que é inerente à condição materna? É nesta tentativa que se aventura esta página.

Há Mães que são Mães de toda uma geração. Mães de muitos, Mães que levam o calor da Maternidade para fora das paredes de suas casas. Mães coletivas, Mães que salgam a Terra, Mães que povoam de amor o mundo.

Há Mães que pedem Justiça em nome dos injustiçados, Mães que transformam uma tragédia pessoal na bandeira de uma causa.

Há Mães que são Mães sem ter gerado no corpo, Mães que são Mães porque geraram na alma.

Há Mães que são Mães em instituições de acolhimento a crianças, em lares-substitutos, Mães que têm a capacidade de amar dez, vinte, trinta, não importa quantos, porque amam na dimensão do infinito.

Há Mães que amam acima do sensorial, numa linguagem que transpõe todas as barreiras, Mães que amam sem precisar de palavras, Mães que amam aqueles que, na aparência, não integram a sinfonia do mundo, marcados que estão por uma ruptura que lhes fecha a comunicação com as pessoas comuns.

Há Mães que amam os excluídos, os marginalizados, os esquecidos, os sacrificados pelo preconceito e pela discriminação, Mães que levam amor àqueles que, sem o amor de Mãe, viveriam sem chama.

---

[11] Publicado no jornal *A Gazeta*, de Rio Branco, Acre, edição de 13 de maio de 2000.

Como homenagear a Mãe com o sopro da universalidade que é inerente à condição materna? Talvez todos possamos homenagear a Mãe Universal na figura de nossa própria Mãe. Ao rendermos tributo a nossa Mãe, homenageamos indiretamente todas as Mães do mundo. Isto porque, ao nos debruçarmos à face de nossa Mãe pessoal, individual, não estamos homenageando Aurora,[12] Beatriz, Celeste, Dalila, Eunice, Fabiana, Maria da Penha, Nair, Teresa, Zilma. Na verdade, acima do nome particular de nossa Mãe, no Dia das Mães aquela que homenageamos será sempre a excelsa Figura Materna, o que de mais belo existe abaixo de Deus.

Com os olhos postos na Maternidade, em estado de oração, relembro aquela Mãe que se dedicou ao ensino por uma irresistível vocação. Começou a lecionar com 16 anos de idade e exerceu o magistério até que a morte a tirou desta vida.

Sua pedagogia baseava-se no amor, na compreensão, no carinho. As notas boas que atribuía aos alunos, nas provas, ficaram famosas. Inspiraram até um gracejo. Os professores costumavam adotar um código para o registro das notas, nas provas orais. Eram sempre códigos formados por palavras de dez letras. O código dessa professora-Mãe era figurado pela palavra "arara" onde, como se percebe à primeira vista, só existiam duas letras: "A" significava 9; "R" representava a nota 10.

Hoje os pedagogos mais avançados afirmam que as notas, nos graus elementares de ensino, devem ser mesmo brandas para criar nas crianças e adolescentes a idéia de auto-estima e sucesso. Hoje também se proclama a destrutividade da "reprovação" na vida escolar.

Mas no tempo dessa Mãe-professora, tais teses eram revolucionárias.

---

[12] Aurora Estellita Herkenhoff é a Mãe do autor.

ESCRITOS MARGINAIS DE UM JURISTA

Não apenas na atribuição de notas, essa professora era tolerante e generosa. Em todas as situações, preferia o afago à reprimenda, o conselho às explosões de cólera.

Pouco antes de sua morte, num dia em que parecia ter melhorado de saúde, os filhos abriram a janela do seu quarto para que visse o pátio do colégio, vizinho de sua casa. A criançada brincava distante da janela justamente para não perturbar com seu vozerio o descanso da Mãe. Quando percebeu que havia alunos correndo à distância, disse com uma voz que já se apagava:

"Peçam aos meninos que brinquem aqui defronte de mim".

E a garotada alegre continuou a brincar bem juntinho da janela da casa.

E a professora, e a Mãe, já não podendo quase falar, apreciou sorrindo a algazarra dos meninos. À noite daquele mesmo dia foi chamada para a mansão de Deus.

11 – Um mergulho no mundo

Somos bons e somos maus, somos ambivalentes, somos seres humanos. A imersão em outras culturas ajuda-nos a relativizar nossas percepções. Desarma-nos da vaidade de um ilusório monopólio da verdade.

Através da França, mergulhei no mundo. Nenhum país tem, a meu ver, marcas tão profundas de universalismo. É pena que esteja crescendo, neste momento, na opinião pública francesa, um sentimento de hostilidade ou, no mínimo, de menos simpatia para com o estrangeiro. A França já não é uma potência militar. Embora ainda seja um país rico, foi superado, em muito, pela força econômica dos Estados Unidos, do Japão e da Alemanha. Somente um patrimônio ainda faz da França, segundo minha percepção, um país singular. Justamente a vocação universalista, justamente a tradição de Pátria de abrigo, terra que acolhe os perseguidos, os apátridas, os sem-lar e sem-solo. Há contradições, nesse horizonte de acolhimento. Como outros grandes Estados, a França carregará sempre a nódoa de ter sido império, de ter colonizado e explorado outros povos. E ainda hoje integra o pequeno clube das nações hegemônicas do mundo, ciosas de privilégios que pretendem eternizar. Mas essas contradições não invalidam o mérito de um aspecto da Civilização Francesa: Pátria de asilo.

Na França, contrastam muitas visões de mundo. Uma direita ensandecida luta pelo retrocesso histórico, pela redução de conquistas humanas e sociais que tanto esforço custaram. Mas a bandeira do avanço social, da ampliação de direitos e liberdades, da Justiça, da construção de uma sociedade fraterna ainda se mantém tremulante.

Foi com grupos divergentes, contestadores, minoritários que mantive contacto, durante o período de estudos vivido na França.

Por intermédio de um padre católico (Père Roger Lacroix), conheci muçulmanos, budistas e judeus. Cheguei mesmo a participar de um Congresso Internacional Islâmico-Cristão.

Na Anistia Internacional, nos Comitês de Solidariedade a Refugiados, na Ação de Cristãos contra a Tortura (ACAT), no Comitê contra a Fome e pelo Desenvolvimento (CCFD), nos grupos de Direitos Humanos, privei com cristãos, com ateus, com livres-pensadores, com socialistas e comunistas. Estive com curdos, com palestinos, com árabes de diversas nacionalidades, com bascos e tanta gente mais.

A imersão em outras culturas ajuda-nos a relativizar nossas percepções. Desarma-nos da vaidade de um ilusório monopólio da verdade, de que seria supostamente titular a cultura ocidental e branca.

Não é apenas sob o aspecto político que se abre a mente, como fruto do diálogo e do intercâmbio. Também sob o aspecto existencial, filosófico, humano, o espírito cresce.

Quanto preconceito nos atraiçoa sem que percebamos. Quantas idéias estereotipadas estão presentes em nós, mesmo naquilo que é a essência do comportamento cotidiano. Com que rótulos idiotas pretendemos definir pessoas: nordestino, interiorano, sem berço, empregada doméstica, homossexual e tantos outros. Que absurda cisão "corpo-espírito" marca a tradição de nosso pensamento.

Freud derrubou, em parte, alguns de nossos mais profundos mitos quando desvestiu o ser humano idealizado, da tradição ocidental, e revelou tudo que há de instinto, de pulsão, de desejo, em cada um de nós. Somos todos um pouco ou muito assassinos, parricidas, adúlteros, incestuosos, sádicos. Somos bons e somos maus, somos ambivalentes, somos seres humanos, não somos etéreos.

Parece que, de certa forma, esta idéia está presente no episódio da Madalena que o Cristo impediu fosse apedrejada. Imobilizou os implacáveis julgadores quando revelou, no íntimo de cada um, o próprio assassinato, parricídio, adultério, incesto, sadismo.

Creio que a sociedade progride, que o mundo caminha numa direção melhor, quando abrimos nossa inteligência para aprender, como a criança incauta e desarmada.

Por que não ouvir do guru da Índia o que nos tem para dizer? De que preciosos conhecimentos milenares não são depositárias certas culturas orientais!

Será que esse líder sindical, cujo linguajar está longe de ser castiço, não tem uma boa receita para o Brasil? (Castiço, que palavra antiga, de meus tempos de ginásio, mas escrevi, deixa).

Um dos funcionários do edifício onde moro, o bom amigo sr. José da Cunha, que homem sábio, na humildade de seus iluminados juízos intuitivos!

Terá a Medicina tradicional todas as artes da cura? Não existem outras terapias plenamente válidas em determinadas situações?

Só é bom Direito aquele sedimentado nas súmulas dos altos tribunais, na jurisprudência dominante? Ou pode brotar Direito, e Direito do melhor, pois que revelação da mais pura Justiça, na sentença isolada do juiz perdido na perdida comarca do interior sergipano?

Como seria proveitoso que ninguém se fechasse nos muros de seu quintal, que nenhum profissional se enclausurasse na sua especialidade. Diálogo de psicanalistas com o mundo do Direito, diálogo de juristas com o universo dos artistas, diálogo dos saberes acadêmicos com a experiência popular, esse tipo de troca, de comunicação entre saberes – não seria essa uma grande missão da Universidade?

12 – Mulheres que lutam[13]

Se a Justiça é representada por uma mulher de olhos vendados, as mulheres reverenciadas nesta página representariam melhor o "ideal do justo", segundo o autor. São mulheres de olhos abertos, que clamam contra a impunidade. Esta página homenageia também outras mulheres que lutam: pelos Direitos Humanos em geral, pelos direitos das viúvas. São mulheres que, embora residentes no Espírito Santo, representam centenas de outras espalhadas pelo Brasil.

No Livro da Sabedoria, um dos mais belos da Bíblia, há uma exaltação às mulheres que lutam, às mulheres que se mostram incansáveis na busca da Justiça, da Liberdade, do Bem. O autor do texto sagrado diz que a formosura dessas mulheres transpõe tudo que possa ser imaginado ou concebido no limite do sensorial, porque a formosura delas está no âmago da alma. O texto, que alguns especialistas atribuem a Salomão, chega a dizer que tais mulheres são eternas.

Mulheres admiráveis, presentes em nossa sociedade, são muitas. Eu me referirei a um pugilo delas, são representativas de todas, um exemplo para a comunidade.

São mulheres do meu Estado, o Espírito Santo, mas em todo o Brasil há mulheres assim.

Abro a enumeração lembrando-me de mulheres que se identificam por um traço comum. Travaram ou ainda travam um combate indormido para ver esclareci-

---

[13] Publicado em *A Gazeta*, de Vitória, edição de 12 de outubro de 1998.

das as circunstâncias em que seus filhos morreram. Fizeram de suas vidas, após a morte do filho, uma vida a serviço da busca da Verdade. Tudo deixaram, para dedicar a esta missão seus dias, suas horas, suas energias, todo o seu ser.

Juracema Batista de Freitas, mãe do advogado Dr. Carlos Batista de Freitas, não teve o direito de enterrar o próprio filho. O corpo desapareceu.

Vilma Filgueira Bosque mantém uma luta sem tréguas para colocar plena luz sobre o assassinato de sua filha, a professora Evelyn Filgueira Bosque.

Eroteides Cermont, mãe de Gabriela, fundou a Associação "Mães em Vigília", compreendendo que só a solidariedade, a união pode pressionar autoridades e poderes quando se trata de esclarecer crimes obscuros.

As mães dos jovens chacinados no bárbaro crime de Cabo Frio – meu querido aluno Cheidid Banhos Mamari e seus companheiros – lutam com obstinação para que a Justiça seja feita.

Se a Justiça é representada por uma mulher de olhos vendados, numa atitude passiva, as mulheres que mencionei, a meu ver, representariam melhor o "ideal do justo". Mulheres sofredoras, de olhos abertos, clamaram e clamam contra a impunidade, os processos mal feitos, as autoridades omissas. Protestam contra a "justiça" que não é Justiça.

Outro nome que reverencio é o de Brice Bragato, deputada estadual, presidente da Comissão de Direitos Humanos da Assembléia Legislativa. Mulher sem medo, tudo enfrenta, na coerência de seus princípios e de sua luta. Paira acima das calúnias e das injúrias grosseiras de que se valem os que não têm argumentos para enfrentar sua pugnacidade. Brice lembra uma outra passagem bíblica: a do justo que salvaria Sodoma e Gomorra. Basta sua presença na Assembléia para que esta mereça ser preservada.

Finalmente, o nome que homenageio é o de uma viúva que vem lutando pelos direitos das viúvas na Administração Estadual.

Os ventos neoliberais que sopram pelo Brasil têm hierarquizado os trabalhadores, servidores e detentores de pensão, por uma escala de mera conveniência financeira.

Em primeiro lugar, ficam os trabalhadores da ativa, que podem fazer greve, incomodar dirigentes, reduzir lucros.

Em segundo lugar, vêm os aposentados, que alguns administradores mais afoitos chegam a considerar inimigos da Pátria, responsáveis por todos os desequilíbrios orçamentários, esquecidos de que a aposentadoria é um direito de quem já deu seu quinhão de trabalho na construção do mundo.

Em terceiro lugar, vêm as viúvas. Relativamente a estas, pretende-se dar-lhes tratamento discriminatório, como se não fizessem jus à proteção do Estado, pelo trabalho de seus maridos falecidos.

Suely Xavier de Souza, junto com outras viúvas, tem oposto firme oposição às discriminações contra as viúvas. É uma brava mulher, que poderia acomodar-se numa vida instalada, mas que não aceita a injustiça, lutando pela eqüidade. Deve ser mencionada, ao lado das companheiras de luta, porque tem sempre presença firme e voz oportuna, nos momentos em que seria censurável omitir-se.

As mães de vítimas de crimes, Brice Bragato e Suely Xavier de Souza, cada uma no seu canto, cada uma cumprindo sua missão, constituem aquele tipo de mulher que o Livro da Sabedoria imortalizou.

13 – Natal de minha infância[14]

Esta é uma página de saudade. O Rio Itapemirim, referido no texto, nasce em Minas, passa pelo Espírito Santo, banha Cachoeiro e deságua no Oceano Atlântico. A Rua 25 de Março, que lembra a data da fundação do Município de Cachoeiro de Itapemirm, é a rua onde o autor morou com sua família, em toda sua infância. Cada leitor, a menos que seja muito jovem, terá um Natal de sua infância para lembrar. O autor quer uma sintonia com todos, através destas lembranças.

O Natal de minha infância tinha Missa do Galo à meia noite. Tinha presépio que os irmãos – todos juntos – montávamos, colhendo pedrinhas e arbustos nas margens férteis do Rio Itapemirim.

Nos dias que precediam o Natal, vivíamos um clima de espera, naquela casa acolhedora da Rua Vinte e Cinco de Março. Eram várias esperas que se somavam. A espera do presente de Natal, sim, mas muitas outras esperas também. A espera da Noite Divina, a espera do Encontro, a espera do Abraço, a espera da Partilha, a espera dos Avós que vinham comemorar conosco a grande data.

Sempre visitávamos os presos no Dia de Natal. Aquele, cujo nascimento comemorávamos, mandou que amássemos os excluídos.

O presépio só era desarmado no Dia de Reis.

---
[14] Publicado no jornal *Sete Dias*, de Cachoeiro de Itapemirim, edição de 20.12.03.

Eu sentia uma imensa tristeza quando ajudava a desfazer o presépio de Jesus. Aquele ato, que todo ano se repetia, marcava o término do Tempo de Natal. Não vejo hoje o Cristo como o centro do Natal. Foi substituído pelo consumo que aparece como o novo deus.

Há reações, em toda parte, sem dúvida. Há os que teimam em manter as velhas tradições do Natal... Menos comercial, mais espiritual. Contudo, é muito forte a pressão que se exerce sobre o povo para fazer do Natal um mero evento publicitário.

Penso, neste instante, nos milhões de irmãos que não podem desfrutar do encontro de Natal. Penso nos que estão presos, nos que padecem em hospitais, nos que não têm nem teto, nem terra, nem pão, nem abrigo. Penso nos que estão proscritos do modelo social e econômico vigente, tão distante da mensagem evangélica.

Jesus Cristo foi um radical, um sublime radical. Para atender mesmo seu chamado temos de ser como São Francisco de Assis. Se nos falta coragem para tanto, paciência. Compreendamos, pelo menos, que o rumo é esse, e recusemos com energia as mistificações.

Obviamente, a chamada "civilização ocidental e cristã" é uma impostura. Ocidental, sim, mas cristã, de forma alguma. Como pode pretender a adjetivação de "cristã" uma civilização que marginaliza, que discrimina, que rejeita? Só poderia chamar-se cristã uma civilização que não excluísse ninguém. Trabalho para todos, bens distribuídos, tudo partilhado. Uma pseudocivilização que cria fossos entre países, regiões e pessoas, que faz da guerra instrumento de dominação política e econômica, que manipula a consciência coletiva através da falsificação da informação não tem, a meu ver, qualquer traço de Cristianismo.

Quero comungar este Natal com todos os oprimidos do mundo, nas suas lutas de dor, de sangue e de vida.

Quero comungar o Natal com todos que me ajudaram no itinerário da vida, arrancando-me da acomodação para o compromisso, da neutralidade morna para as opções ideológicas definidas e incômodas. Se não fui adiante, alcançando a radicalidade cristã, é porque me faltou generosidade para a entrega absoluta e sem reservas.

Eu me lembro, neste Natal, de todos os que me revelaram a face de Jesus, no decurso desta vida que já se aproxima da hora sétima.

Eu comungo este Natal com os que, junto comigo, batalharam pela dignidade humana, proclamando o nome de Deus, e os que batalharam por essa mesma dignidade humana, recusando nos lábios o nome de Deus.

Espero ter vida para comungar muitos Natais com os que sofrem e com os que se solidarizam com os sofredores e injustiçados. Quero comungar com todos estes não apenas o Dia de Natal, mas o cotidiano da existência. Comungar lutas e esperanças, projetos de sociedade, utopias. Comungar a construção de um mundo que seja digna morada para todos os seres humanos.

14 – Nestor Cinelli, o livro como missão[15]

Nestor Cinelli foi um símbolo de livreiro idealista. Na pessoa dele, quero homenagear todos os livreiros do Brasil. O livreiro é muito mais que um vendedor de livros. O livreiro é um comunicador, um apóstolo, um educador. Ser livreiro é um dos mais belos ofícios que se pode exercer na vida. O livreiro é um anunciador do futuro. Sonho com nosso país pontilhado de livrarias e bibliotecas.

Não se escreverá a história da cultura no Espírito Santo sem registro deste nome: Nestor Cinelli.

Criando em 1958 a "Livraria Âncora", Nestor Cinelli abriu um novo tempo para o estudo, a educação e o saber, nas terras capixabas.

A "Âncora" foi a primeira grande livraria de Vitória. Detinha um magnífico estoque de livros, nas mais diversas áreas, nas mais diversas línguas, abrangendo o mais amplo universo de leitores.

Além disso, a "Âncora" foi uma livraria absolutamente criativa, em diversos e substanciais aspectos.

A primeira inovação da "Âncora" foi sua apresentação material: uma livraria bonita, espaçosa, arejada, bem iluminada, estantes organizadas dentro de um padrão de primorosa estética e rigorosa racionalidade.

---
[15] Publicado em *A Gazeta*, de Vitória, edição de 22 de janeiro de 2002.

Era uma livraria que convidava à leitura e até mesmo à simples entrada para tomar um cafezinho. Ponto de encontro de intelectuais, da "Âncora" brotaram idéias, projetos, iniciativas, no campo da cultura e da educação. É praticamente impossível fazer o inventário de todas as sementes que tiveram como canteiro o espaço da importante livraria. Não houve, ao que saiba, registro de reuniões que ali ocorreram. Só um pesquisador cuidadoso poderá resgatar, através de depoimentos, a história dessa livraria. Aqui fica a idéia para teses de Mestrado que sejam produzidas na Universidade Federal do Espírito Santo.

Numa época em que o centro da cidade era o pólo cultural de Vitória, a Livraria Âncora, localizada na rua Nestor Gomes, nas vizinhanças da Praça Oito, ocupava uma posição estratégica para a irradiação de seu papel de aglutinação de inteligências e de promoção cultural.

Nestor Cinelli sempre foi a alma da Livraria Âncora, mas nunca trabalhou sozinho. Contou com a colaboração de funcionários dedicados, ao longo do tempo. Ivanilda Nicoli, Luiz Helvécio Pinheiro Peçanha, Ângelo Cribari e Nilton Ferreira foram alguns dos guardiães daquela célula de luz.

Nestor nunca fez da livraria mercantilagem. Muitos universitários receberam das mãos generosas de Cinelli os livros de que precisavam no decorrer do curso. Só pagaram esses livros depois de formados, sem qualquer acréscimo. Agiu dessa forma em segredo, para que a **mão esquerda não visse o que a direita fez.** Só o testemunho pessoal dos beneficiados tornou possível o conhecimento desse fato.

Militante de Igreja, Nestor Cinelli, com sua esposa Flávia, teve destacada atuação no "Movimento Familiar Cristão". Comprometido com a causa de libertação dos oprimidos, colocou inúmeras vezes sua pena de advogado, gratuitamente, a serviço dos movimentos populares, através da Comissão de Justiça e Paz da Arquidiocese.

Castro Alves bendisse os que semeiam livros e mandam o povo pensar porque "o livro batendo n'alma é gérmen que faz a palma, é chuva que faz o mar." Completando o pensamento do poeta baiano, Monteiro Lobato escreveu que um país se constrói com homens e com livros. A reverência à memória de Nestor Cinelli sirva de estímulo a todos aqueles que, nos dias de hoje, por todo o território do Espírito Santo e do país, desempenham a profissão de livreiros. Estejam certos de que, nesse mister, contribuem para formar a consciência crítica do povo. Só essa consciência crítica, que se opõe à manipulação e à massificação, permitirá que se aviste um futuro de esperança para o Brasil.

15 – Privatizações[16]

A propaganda em massa, manipulando consciências, transformou o vocábulo "privatização" num conceito absoluto, acima do bem e do mal. É contra isto que se volta o autor, neste texto.

Que me perdoem gramáticos e lingüistas, se penetro nos domínios deles, mas há palavras às quais voto profunda antipatia.

Minha repulsa não é às palavras em si. As palavras são sempre inocentes, expressão de sentimentos, percepções, angústias, apelos, desejos. Minha repulsa é pelo uso ideológico malicioso que se faz das palavras.

Uma dessas palavras que me despertam náuseas é "privatização".

A propaganda manipuladora transformou o vocábulo "privatização" num conceito absoluto que se situa acima do bem e do mal.

Privatizar – verbo correspondente ao substantivo "privatização" – é sempre um procedimento bom e conveniente.

Escolheu-se com muita argúcia a palavra "privatização" para a propaganda da "entrega" do que é do povo. Isto porque a palavra "privatização" carrega em si um conteúdo político. Exprime uma "opção de governo". Aponta para um rumo macroeconômico. Dentro desse ângulo, o debate se localiza no centro das grandes questões de princípio.

---
[16] Publicado em "Cadernos de Notícias", da ADUFES (Associação de Docentes da Universidade Federal do Espírito Santo), edição de julho de 2002.

Mas "privatizar", na verdade, significa "vender". Vender é uma palavra incômoda, de digestão difícil. Há quem se orgulhe do fato de que, na sua família, a última venda de um bem imóvel ocorreu há sete gerações. Vender é abrir mão de um patrimônio. Se há venda, há dinheiro. Se há dinheiro – e dinheiro público – deve haver prestação de contas.

As vendas de empresas públicas, que têm ocorrido por todo este país, têm sido submetidas ao controle dos tribunais de contas e ao controle da opinião pública? Para onde vai o dinheiro dessas "vendas", convenientemente denominadas de "privatizações"?

Não vamos discutir, neste artigo, a questão de fundo, ou seja, não vamos argumentar no sentido da conveniência ou inconveniência de retirar-se do Poder Público o cumprimento de certas atribuições. Seria tema para uma outra reflexão.

Aqueles que defendem as vendas de empresas públicas argumentam, dentro da ótica neoliberal, que o Governo deve ter a seu cargo o mínimo possível de tarefas. Mas esses mesmos neoliberais admitem que o Poder Público deve encarregar-se da educação, da saúde pública e do desempenho de algumas incumbências indelegáveis.

Então, dentro dessa lógica, a toda venda de "empresa pública" deveria corresponder a construção de um determinado número de escolas, hospitais, postos de saúde etc., etc.

Mas não é a isto que estamos assistindo.

As empresas públicas são vendidas, e nenhum outro bem público aparece para compensar a perda do patrimônio coletivo.

Os defensores de empresas públicas nem sempre têm conseguido impedir a venda do patrimônio comum a todos. Creio que se determinada batalha contra a venda for perdida, uma outra batalha possa ser imediatamente iniciada. Trata-se de exigir, no mínimo, em cada venda de patrimônio público, a demonstração contábil de que o dinheiro apurado serviu para a aquisição ou construção de outros bens públicos, sem redução da riqueza que pertence ao povo.

A rebeldia, em face da renúncia de cumprir o Estado certas funções, não é unânime. Já a idéia de que o patrimônio coletivo não possa ser malbaratado alcança, segundo suponho, uma aceitação geral.

Então talvez uma tese pudesse buscar um apoio amplo, quase unânime: a venda de patrimônio público, se ocorrer, deve estar sujeita a rigoroso controle contábil, pelos tribunais de contas, e a irrestrito conhecimento da sociedade civil, sem que haja redução do patrimônio coletivo.

16 – O sol do pacifismo

Quando criança, ler para meu Avô era motivo de muita alegria. Sua figura de estudioso me empolgava. Além de ler textos para ele, datilografava originais que me entregava, pois sempre estava a escrever. No exemplo do Avô encontro a gênese de minha vocação para o Direito.

O Avô e a Avó são personalidades indispensáveis na família e na sociedade. Feliz do povo que cultua e venera os ancestrais. Esse povo não se extraviará nos descaminhos da identidade perdida. Não renunciará à herança das virtudes mais nobres. Fará da ternura um guia nos momentos mais difíceis. Construirá uma ponte que ligará as gerações. Acumulará sabedoria, mais que tesouros perecíveis e enganosos.

O Avô é o pai multiplicado. Ser Avô é reviver, em plenitude e em êxtase de poesia, o itinerário da paternidade.

Se homenageio o Avô, duplamente homenageio o Pai – o Avô, que é Pai, e o Pai que, na figura do Avô, encontra o elo mais próximo da linha ascendente e infinita que testemunha o dom da vida.

Uma das mais queridas reminiscências de minha infância prende-se à figura de meu Avô pela linha materna, com o qual tive mais convivência do que com o Avô da linha paterna.

Sua idade avançada chocava-se com a cor preta dos cabelos, a firmeza do olhar e a juventude da alma.

Lembro-me das férias que o Avô e a Avó passavam em nossa casa grande e amiga, em Cachoeiro.

Convivi com ele quando ultrapassara os oitenta anos. Seguidas vezes, estivera às portas da morte, pressão alta, coração cansado e doente. Enfrentava, porém, com alegria, os velhos trens da Leopoldina, para o percurso do Rio, em direção a Cachoeiro de Itapemirim. Em nossa casa, sua vida era metódica. Acordava muito cedo, estudava, lia e escrevia o dia todo. Na mesa de refeição, preocupava-se com a parca alimentação de minha Avó. À noite, sentava-se perto da janela, para ver o movimento de pessoas passando pela Rua Vinte e Cinco de Março. Bebia, infalivelmente, seu copo de leite, cochilava e às 9 horas já se ia deitar.

Juiz aposentado, tinha um repertório imenso de histórias cômicas e sérias.

Sempre escrevendo, adotava a tradicional caneta com pena, que molhava no tinteiro.

Eu era seu secretário. Lia para ele, em voz alta e clara, textos imensos sobre os mais variados assuntos. Alegava que seus olhos já não lhe permitiam ler. Hoje desconfio que, através desse expediente, o que ele pretendia era incutir, no neto, o amor dos livros.

Para mim era motivo de alegria e orgulho ler para o Avô. Sua figura de estudioso me empolgava.

Também pedia que eu lhe datilografasse os manuscritos, numa bela máquina de escrever de fabricação alemã. De vez em quando, depois que todo o texto estava batido, ele resolvia intercalar um parágrafo, no miolo do escrito. Eu tinha então de bater tudo de novo, sem reclamar.

Quando escrevo, neste momento, no computador, fico a pensar na facilidade com que trabalho o texto. Retiro parágrafos, introduzo palavras, altero a ordem de idéias. Com a velha máquina de escrever, nada disso era possível.

O grande interesse de meu Avô eram os temas ligados à Paz e à convivência civilizada entre os seres humanos.

Preparei os originais de dois livros seus: *A Civilização e Sua Soberania* e *O Sol do Pacifismo*. Além de publicar livros, ele fundou uma "Sociedade em Defesa da Paz", que funcionou enquanto viveu. Que grande nobreza tinha aquela alma! No fim da vida, quando só se tem passado, meu Avô descortinava o horizonte infinito. Pregava sua crença na Paz, que seria obra da civilização, do amor, da Justiça, da fraternidade.

Quando seu corpo já precisava de uma bengala para se aprumar, seu espírito engendrava fórmulas que conduzissem a humanidade a um destino melhor.

No exemplo de meu Avô, que se chamava Pedro Estellita Carneiro Lins, encontro a gênese de minha vocação para o Direito. Também ele não chegou a desembargador, no Estado de Santa Catarina, onde judicou. Também ele era doce com os fracos e intimorato à face dos poderosos. Muitas vezes, diante de questões que tive de decidir, como juiz, seu espírito guiou minhas sentenças.

O Avô morreu com 93 anos, plenamente lúcido. Num dia triste, dentro de um balão de oxigênio, fechou os olhos para o mundo. Certamente ali, na ante-sala da Eternidade, próximo dos páramos celestes, ele avistou a mansão de Deus, onde brilha, com fulgor magnífico, o verdadeiro "Sol do Pacifismo".

17 – Sobre um motorista, sobre a saudade[17]

O relevo, que este texto procura dar a um motorista, decorre do reconhecimento da importância e grandeza do trabalho que os motoristas realizam, essenciais que são à vida das cidades e à vida do país.

O motorista faz fluir a atividade econômica, serve à convivência social e constitui um elo entre os seres humanos.

Somente nosso saudoso D. João Baptista da Motta e Albuquerque, ao que saiba, é que o chamava de Osmar. Sim, porque seu nome civil é Osmar Santos Nogueira. D. João, talvez pelo escrúpulo quanto ao dever de tratá-lo com a nobreza merecida, talvez simplesmente porque não gostasse do apelido, recusava-se a chamá-lo de outro nome que não Osmar ou, para ser ainda mais exato, sempre precedia o prenome de um vocativo carinhoso: "Como vai, meu caríssimo Osmar?"

Com exclusão de D. João, todos o conhecem apenas pelo nome de guerra: Tarracha.

O apelido veio dos tempos em que cumpria o serviço militar no Batalhão de Caçadores sediado em Vila Velha (ES).

Uma janela, nas dependências do Batalhão, estava a despencar. O Sargento de guarda teve a idéia de pedir ao recruta Osmar uma sugestão para solucionar o problema. Osmar, solícito, respondeu com uma receita simples e óbvia: "Atarracha a dobradiça, Sargento."

---

[17] Publicado no jornal *A Gazeta*, de Vitória, edição de 17 de outubro de 1995.

Esse conselho ao superior em apuros foi suficiente para que, com supressão da primeira letra do verbo, Osmar Santos Nogueira, dali para a frente, fosse bem mais conhecido como "Tarracha".

Pois o nosso querido Tarracha, no dia 25 de outubro próximo, vai completar 45 anos de profissão, como motorista.

Tarracha trabalha no mais tradicional e popular "ponto de táxi" de Vitória: o ponto da Praça Costa Pereira.

Naquela praça é, atualmente, o motorista mais idoso e é também o mais antigo na profissão.

Tarracha é um exemplo de dignidade, educação, responsabilidade, seriedade. É um paradigma moral e humano, no exercício da profissão de motorista, como também é um modelo como pessoa, na simplicidade de sua vida e na inteireza de seu caráter.

Esses 45 anos de trabalho árduo, de serviço à coletividade, de atendimento até mesmo gratuito a pessoas doentes e necessitadas, merecem o culto e o aplauso da comunidade.

Parabéns, meu bom Tarracha.

Também D. João, lá do alto, estará dizendo a você: "Parabéns, meu queridíssimo Osmar."

O relevo que este artigo procura dar, com toda justiça, a um motorista, a um trabalhador, remete-me a Cachoeiro, onde todos nós aprendemos belas lições. O sentido da igualdade das pessoas, por exemplo. E também a grandeza de todo trabalho humano.

Lembro-me, a propósito, de uma crônica de Rubem Braga. Fala de uma intensa discussão que houve em Cachoeiro, penetrando nos lares e nas escolas, espraiando-se pela nossa praça. Debatia-se a melhor denominação a ser conferida a uma instituição que veio a ser das mais importantes e tradicionais da cidade. Tratava-se do "Centro Operário E de Proteção Mútua". Toda a discussão estava centrada nessa palavrinha "E". Venceu a presença do "E", com grande repercussão na postura da entidade. A palavra "E" consolidava uma tese política e social: o Centro Operário não seria apenas um "Centro Operário de Proteção Mútua". Estaria aberto a outros cidadãos da cidade, mesmo que não fossem operários, mas que quisessem comungar com os operários o ideal da solidariedade.

A questão da aliança dos oprimidos com eventuais apoiadores, mesmo que estes não sintam na própria pele o estigma da opressão, foi e é objeto de locubrações do pensamento político, no Brasil e no mundo. É também plataforma de uma militância que alcança amplos setores da sociedade.

Como sempre, Cachoeiro tem a vocação da profecia. Há tantos anos atrás lá já se constituía um "Centro Operário E de Proteção Mútua".

Tenho grande honra de ser, desde minha juventude, membro do "Centro Operário E de Proteção Mútua", plantado na minha terra natal.

A homenagem que tributo ao Tarracha recua-me ao que aprendi e vivi em Cachoeiro.

18 – Teilhard de Chardin, no dia do teólogo[18]

Este texto debruça-se sobre a herança espiritual de Teilhard de Chardin. Mas a relembrança é feita a partir de vivências pessoais do autor.

Trinta de novembro é o Dia do Teólogo. Creio que a data seja oportuna para relembrar Teilhard de Chardin, cientista e teólogo francês que foi extremamente popular no Brasil na década de 60. Esteve um tanto quanto esquecido, mas hoje há um retorno a sua obra. Parece que Teilhard atende a duas aspirações contemporâneas: o gosto pela explicação científica dos fenômenos e a dimensão transcendente que a perplexidade de nossas dúvidas parece exigir.

Meus encontros com Teilhard de Chardin precisaram sempre da interferência de um amigo para que ocorressem. Como se exigissem um ritual de fraternidade. Como se não pudessem ser *apenas* encontros intelectuais, mas necessitassem, para ser completos, do toque afetivo.

O primeiro encontro com Teilhard aconteceu em 1966. Eu tivera oportunidade de assistir a uma palestra em Vitória, proferida por um amigo dileto hoje falecido: Franz Vítor Rúdio, sacerdote, professor e escritor. Ele falou com tanta ternura sobre Teilhard que me senti atraído a ler sem tardança *O Fenômeno Humano*, logo que voltei a Cachoeiro, onde residia. Esse primeiro encontro com Teilhard me impressionou.

---

[18] Publicado em *A Gazeta*, de Vitória, edição de 30 de novembro de 2001.

Dez anos depois eu voltava a ler *O Fenômeno Humano*. Em circunstâncias inquietantes. Uma doença atingira alguém meu. Havia perigo de vida. Teilhard socorreu-me na angústia. Ajudou-me a tentar encarar o mistério da morte, embutido no mistério da vida, a morte dentro da vida, a vida dentro da morte, morte e vida no caminho da plenitude. Também um amigo sugeriu-me esse novo encontro com Teilhard e partilhou comigo a leitura de *O Fenômeno Humano*: Valdir Ferreira de Almeida, médico e sacerdote, figura de destaque na Igreja de Vitória. Desta vez foi um encontro profundamente pessoal.

Meu terceiro encontro com Teilhard ocorreu na França, em 1991, quando eu lá estudava. Thérèse Tribut, uma amiga jornalista de Paris, emprestou-me seu apartamento para que minha família e eu passássemos nele nossas férias. Na biblioteca de Thérèse Tribut, eu encontrei *Le Phénomène Humain*, na edição original, que saiu em 1955, depois da morte do autor. Reencontrei Teilhard de uma maneira especial. Quando eu também estava imerso na comunidade lingüística a partir da qual ele escreveu seus livros. Toda noite, antes de dormir, eu relia Teilhard.

Já mais vivido, buscava compreender melhor a genial confrontação que Teilhard faz de sua concepção geral da vida em face das verdades que a Ciência lhe permitia desnudar.

Retomei sua meditação sobre a rede crescente de complexidade dos seres: do átomo à molécula; da molécula à célula; do individual ao social. A cada degrau superior de combinação, qualquer coisa irredutível aos elementos isolados emerge. Dentro dessa visão, Teilhard vislumbra uma espiritualização progressiva da matéria e chega, pelos caminhos da Ciência, a uma concepção de Deus, o "Ponto Omega" do Universo.

Meu quarto encontro com Teilhard ocorre em 1992, através de um livro de Frei Betto: *Teilhard de Chardin –*

Sinfonia universal. Este livro vem às minhas mãos através de um casal amigo, Flávia e Nestor Cinelli. Nestor foi um semeador de livros. Criou em Vitória uma livraria dinâmica e moderna que exerceu papel relevante na cultura capixaba.[19] Frei Betto retoma apostilas que escrevera em parceria com Conrado Detrez, em 1964, sobre a obra de Teilhard.

Mas ao pegar o fio da meada, Frei Betto não restaura apenas o texto antigo. Vai mais longe. Sintoniza Teilhard para uma releitura dirigida à última década do século que findou.

Em nossa época, o pobre mortal fica às vezes atônito em face de um mundo dilacerado e desarmonioso que nega a existência de um nexo entre as coisas. Como luz que guia, o pensamento de Teilhard, explicado por Frei Betto, aparece límpido e aponta no sentido contrário à desorientação geral.

No final dos anos 90, compareci ao sepultamento de Cristiane, uma jovem dentista alcançada pela leucemia, filha de um casal amigo, Mirian, professora, e Virgínio Amorim, advogado, residentes em Vitória.

Mirian e Virgínio são espíritas, mas a simples pertença a uma denominação religiosa é irrelevante. Mirian e Virgínio são pessoas profundamente devotadas ao próximo.

Falei no sepultamento e levantei uma hipótese, para estudo dos teólogos, porque teólogo não sou. Não existiria uma ponte de ligação entre a concepção de aperfeiçoamento contínuo de toda a Criação, adotada pelo Espiritismo, e a visão de Teilhard de Chardin – o caminho de todos os seres criados, do Alfa em direção ao Ômega?

Fiz esta reflexão no Cemitério, abraçado a Mirian e Virgínio. Foi meu quinto encontro com Teilhard de Chardin.

---

[19] Sobre Nestor Cinelli ver, neste livro, uma página que escrevi logo após a morte dele – "Nestor Cinelli, o livro como missão".

ESCRITOS MARGINAIS DE UM JURISTA   **65**

19 – Ternuras e paixões

Mal contenho o ritmo da respiração, na volúpia do momento que se antecipa.
Fico por aqui. Se continuo resumindo o texto, antecipo o fim.

Eu a toco, primeiro com ternura, depois com sofreguidão. Acaricio seu dorso quente, que é sempre uma promessa. Pouso minhas mãos no frontispício. De olhos fechados, adivinho, nas reentrâncias, as mensagens secretas que tem para me comunicar. Mal contenho o ritmo da respiração, na volúpia do momento que se antecipa. Ocorre-me Camões, pois por outros sete anos eu serviria para desvendar seus universos:

"Sete anos de pastor Jacó servia,
Labão, pai de Raquel, serrana bela,
Mas não servia ao pai,
Servia a ela,
Que a ela só por prêmio pretendia."

Não estou a desvelar com carinho o rosto da mulher amada, não estou a buscar seus caminhos infinitos. Estou a sentir com doce afeto a lombada da obra literária, estou a viajar pelo enigma de suas páginas. Para quem ama a leitura, o livro jamais será uma coisa, um objeto, mas o destinatário de uma paixão ardente.

Tenho tarde certa para ir a livraria. Tempo reservado. É um mergulho no desafio e no imprevisto. Retiro das prateleiras livros aos montões. Leio. Sorvo. No final do expediente (que sempre saio na hora em que as portas vão ser fechadas), compro dois, três, quatro livros. Nunca saio de mãos vazias. Mas se comprei apenas três livros, compulsei e li trechos de quinze ou vinte. E às vezes, na tarde da semana seguinte, compro justamente aquele livro que namorei, namorei, namorei, mas deixei na estante. Não tenho uma livraria fixa que freqüente, que fosse como que um "ponto de encontro". Gosto de todas as livrarias da cidade. Quando viajo, livraria é para mim o mais belo ponto turístico. Impossível visitar uma cidade grande ou média sem penetrar pelo menos numa de suas melhores livrarias...

Quem gosta de ler luta contra a maré neoliberal, financista, materialista destes tempos em que vivemos. Antigamente, eu tinha o prazer de descontar, no meu imposto de renda, os gastos com livros. Administradores que têm da política econômica uma visão estreita e fragmentada, acabaram com essa franquia tributária do comprador de livros. Não há, na declaração de renda, o item específico "livros". Há despesas gerais de instrução, mas não é a mesma coisa.

Se podemos descontar do imposto de renda despesas com médicos, por que não podemos descontar despesas com a compra de livros?

Não me parece uma decisão sábia essa que foi tomada no Brasil, subtraindo do contribuinte de imposto de renda o direito de abater quantias gastas com compra de livros. Em vez de eliminação da regalia, deveria ter havido ampliação: desconto de todos os livros comprados, desde que devidamente comprovados, e desconto extensivo a todos os contribuintes. Dois argumentos justificariam uma tal orientação: a educação é um processo permanente (estudamos e aprendemos até morrer); a educação é uma busca universal (não são apenas os intelectuais que devem ter o direito de comprar livros e ler).

Os monetaristas que cassaram a franquia tributária não respeitaram o legado de Monteiro Lobato, na sua crença de que um país se faz com livros. Péricles, o grande legislador da Antiguidade, se hoje fosse vivo, não subscreveria uma lei restritiva tão obtusa.

O jornal é importante. Sobretudo porque está sempre a tratar de assuntos do momento. Recortar matérias de jornal é um hábito que, como professor, procuro com constância sugerir a meus alunos.

Ouvir rádio e ver televisão também pode nos ajudar a compreender o mundo. Sobretudo se mantivermos nossa liberdade de espírito, sem nos deixarmos hipnotizar pelo charme desses veículos de mensagem quente.

Mas o livro é insubstituível. Ninguém, a meu ver, forma o pensamento, a capacidade de julgar, sem o auxílio do livro.

Que bom se tivéssemos no Brasil livrarias em cada esquina, bibliotecas em cada bairro, livros nas mãos do povo, clubes de livros espalhados por todo o território nacional. Seríamos uma nação a crescer na cultura, na valorização das pessoas, na cidadania, no bem-estar.

Crianças que recebam com mãos de ternura livros que lhe abram o entendimento!

Moços e moças que busquem com sofreguidão o mistério da leitura!

Operários que forjem a consciência de sua dignidade e de seus direitos pela mediação dos livros... "Operário em construção" (Vinicius de Moraes) que se faz "operário construído".

Velhos que através do livro tenham a emoção do eterno, a vencer a fugacidade do tempo!

20 – A alma das cidades

Esta é uma página de exaltação ao bairrismo e, ao mesmo tempo, uma página de confessado e aberto bairrismo. A ressalva colocada no final do texto deixa bem claro que o autor não restringe o bairrismo a sua própria cidade natal. Pelo contrário, entende que ter raízes é direito de toda pessoa.

"Mineirismo" – o Aurélio define – é o amor intenso a Minas Gerais, é o interesse apaixonado pelo que a esse Estado se refere. "Mineiridade" é a qualidade ou condição de mineiro.

Mas só o "mineiro", neste imenso Brasil, tem uma cultura própria?

Creio que não. O baiano, o paulista, o carioca, o pernambucano, o paraibano, o cearense, o sergipano, o goiano, o gaúcho podem reivindicar uma identidade.

É justamente essa multiplicidade de culturas regionais que faz do Brasil um país de tantos mistérios, de indecifrável ternura.

Se traços de fundado regionalismo estadual podem ser assinalados e estudados, é razoável admitir também que uma cidade pretenda uma autonomia cultural, uma identidade antropológica?

Será que se podem reconhecer traços culturais específicos no homem e na mulher de Juiz de Fora, Campos, Feira de Santana, Olinda, Caxias do Sul, Joinville, Manaus, Belém, Juazeiro do Norte, Maceió, São Luís do Maranhão, Cuiabá, Campinas, Campo Grande, Ponta Grossa e de tantas outras cidades brasileiras?

Creio que sim, quando a cidade tem uma longa história, grandes lutas travadas em comum, influências que a marcaram, episódios que ficaram na memória, líderes que personificaram a alma do povo.

Está neste caso, sem dúvida, Cachoeiro de Itapemirim que, a cada ano, no dia 29 de junho, comemora sua grande festa, o Dia de Cachoeiro, celebrado pela primeira vez em 1939.

Essa festa foi uma idéia do poeta Newton Braga, que percebeu como era grande o amor do cachoeirense a sua terra, como era veemente o desejo de retorno.

Dia de Cachoeiro, o maior poema de Newton Braga, é a festa do reencontro, a senha para que todos que puderem voltar voltem. Os que não puderem estar presentes estejam unidos no afeto, genuflexos, orantes.

Desde 1939, a figura central da Festa é o Cachoeirense Ausente Número 1.

Devido à escolha, em diversas festas de Cachoeiro, de nomes de prestígio nacional ou estadual, como detentores da homenagem magna (pois Cachoeiro é um celeiro de celebridades), seria razoável concluir que o Cachoeirense Ausente Número 1 tem necessariamente de ostentar um *curriculum* de glórias feito? De forma alguma. Cachoeiro orgulha-se dos filhos que brilham fora dos muros da cidade. Mas Cachoeiro não seria Cachoeiro se só homenageasse pessoas de destaque social ou político. Um dos primeiros cachoeirenses ausentes número 1 foi um tipógrafo modesto, um homem de espírito singular – Trófanes Ramos.

Muitas cidades depois vieram a ter o seu Dia, a sua festa. Imitar o que é bom não merece censura. Mas só Cachoeiro tem o "Dia de Cachoeiro", com toda sua chama poética, porque só Cachoeiro tem Newton Braga.

É absolutamente correto falar numa "antropologia cachoeirense". O cachoeirense tem traços que o distinguem. A cidade tem instituições seculares que contam sua história, figuras de ontem que ficaram na lembrança,

figuras de hoje que sustentam o combate. Tudo isso junto plasma a alma de Cachoeiro.
O cachoeirense é bairrista, orgulha-se de suas tradições. Considera que "ser cachoeirense" é circunstância mais forte do que integrar um partido político ou um clube. Cultua certos valores fundamentais. Abomina o preconceito, preza a igualdade e a solidariedade, valoriza os dotes de espírito, homenageia a cultura, dá mais prestígio ao poeta que ao titular de poder, força e riqueza. Por isso, na nossa Praça (a "Praça", de Carlos Imperial), erguemos o busto de um poeta.

Onde o cachoeirense esteja, sua pequena Pátria permanece na alma, nos desvãos da infância. Perdido nos desencontros da vida, retoma sua essência divina ao lado do Itabira. Cansado, repousa contemplando "O Frade e a Freira" (uma rocha que fala, imortalizada pelos versos de outro poeta cachoeirense – Benjamin Silva). Atingido pela dor, recupera o "paraíso perdido" ouvindo o marulho das águas do rio Itapemirim.

Fatores históricos, educacionais, políticos, mesológicos contribuíram para criar o tipo cachoeirense. Forças antagônicas, numa época de crise como esta que estamos vivendo, poderão atuar para desfigurar o espírito cachoeirense. Para desfigurar, aliás, todas as culturas regionais, sob o império da massificação, da despersonalização, dos padrões decretados pelos meios de dominação social, pelos figurinos obrigatórios e sem criatividade.

Ter raízes não pode ser privilégio. É direito de todos. Raiz é força humanizadora. Se todos os brasileiros tivessem uma cidade com que se identificar, um chão que considerassem seu, um lugar que lhes garantisse ter nome, a violência seria menor, a fraternidade seria maior.

O bairrismo é um brado de resistência à anomia e ao anonimato massacrante. Daí sua importância pedagógica, cívica, política, humana, ética.

21 – Respeito ao aposentado

Esta página exalta o papel do aposentado na sinfonia do mundo. Critica as sociedades neoliberais, cujo pragmatismo imediatista não vê lugar para o aposentado. O autor deixa bem claro que não defende qualquer espécie de privilégio em favor do aposentado, mas reprova que ele seja colocado numa posição de inferioridade dentro do grêmio social.

O ciclo natural da vida exige que gerações substituam gerações, na perene obra de construção e aperfeiçoamento do mundo.

Nas sociedades que se guiam por padrões éticos, aqueles que já deram sua parcela de trabalho, nos diversos ofícios que compõem a sinfonia da vida, constituem um grupo respeitável dentro da comunidade. São os aposentados, ou jubilados, ou integrantes da reserva.

Gosto do termo "jubilado", que está ligado a júbilo, alegria. O jubilado deve carregar consigo o júbilo de ter colocado seu tijolo na edificação da morada humana.

Gosto também do termo "integrante da reserva". Lembra alguém que integra uma equipe disponível para missões especiais.

Realmente, nas sociedades que são regidas pela Ética, os aposentados não ficam excluídos da comunhão social. Muito pelo contrário. Reconhece-se nas pessoas mais velhas o dom do conselho. Daí que são ouvidas com respeito, pela experiência que acumularam ao longo da jornada.

As sociedades pragmáticas não são regidas pela Ética. Nestas, o que conta é o imediatismo, o materialismo, o lucro, o dinheiro como deus. Nas sociedades pragmáticas, não existe a pessoa humana. Existem atores econômicos. Vale quem produz ou quem consome, mesmo quem consome sem nunca ter produzido.

Em decorrência dessa premissa, existem dois tipos de aposentados, nas sociedades pragmáticas: os que não produzem, mas têm poder de consumo porque são detentores de boas aposentadorias; os que não produzem e nem consomem porque percebem aposentadorias irrisórias.

Os aposentados do primeiro grupo têm algum valor porque, se não produzem, pelos menos consomem.

Já os aposentados do segundo grupo são um zero à esquerda: não são atores econômicos.

As sociedades neoliberais são sociedades pragmáticas. São sociedades que desprezam a Ética.

Vemos com tristeza que o Brasil contemporâneo toma o rumo neoliberal. Daí ser bastante lógico o desprezo que muitos votam ao aposentado.

Diariamente, os jornais registram atos concretos ou ameaças próximas contra os aposentados.

Vivemos num clima de mentira que coloca como primeiro problema do Brasil reduzir os direitos dos aposentados. O discurso de certos grupos dominantes apresenta-os como inimigos da Pátria. Inimigos da Pátria não são, por exemplo, os peculatários de todos os matizes que enchem as manchetes dos jornais, mas que logo são esquecidos, porque o escândalo deste mês arquiva o escândalo do mês passado.

Não defendemos privilégios, tais como: aposentar-se um parlamentar após oito anos de trabalho; aposentar-se com vencimentos integrais, na compulsória dos 70 anos, cidadão que é nomeado para altos tribunais dos Estados ou da República já com idade próxima da aposentadoria; perceberem civis ou militares, na aposentadoria ou reserva, o dobro ou o triplo do que seus colegas percebem em atividade; voltar ao serviço público o detentor de aposentadoria, chegando-se à esdrúxula situação de alguém ser bidesembargador, ou biprocurador, ou procurador-desembargador, com o acúmulo de proventos e vencimentos no mesmo Estado ou em Estados diferentes.

Não tenho lido nos jornais o anúncio concreto de qualquer iniciativa, no plano constitucional, legal ou administrativo, para coibir esses abusos. Pretende-se "apertar o cerco" para que a corda roa do lado do mais fraco.

Se não houver uma grande mobilização, o aposentado comum, que não usufrui de privilégios, mas de direito eticamente sagrado, será massacrado pelo pragmatismo sem ética e pela hipocrisia com face moralizadora.

22 – Betinho, luz e chama de um povo[20]

Condenado a morrer, Betinho lutou, até o último momento, pela vida. Mas não tanto pela sua vida, lutou muito mais pela vida dos que são massacrados pela fome. Se a morte de Betinho nos acordar, nós venceremos a suprema negação do Direito que é a fome.

A morte de Betinho reclama uma resposta, este corpo cremado nos cobra, a todos nós sem exceção, um compromisso.

Betinho propôs um desafio aos seus contemporâneos: que em mutirão vençamos o flagelo da fome.

A fome tem pressa, disse Betinho, com extrema racionalidade.

Condenado a morrer, Betinho lutou, até o último momento, pela vida. Mas não tanto pela sua vida, lutou muito mais pela vida do povo brasileiro, dos marginalizados e oprimidos, dos que são massacrados pela injustiça brutal que é a fome.

Não poderia haver, na sociedade brasileira contemporânea, figura que pudesse simbolizar melhor esse grito contra a fome. Betinho estava predestinado para ser o líder da cruzada que empunhou.

Morto Betinho, a luta continua. E deve continuar com mais vigor ainda, sob a chama da vida de Betinho, sob a inspiração desse ser humano incomum que, com muita razão, Frei Leonardo Boff já proclamou como "santo".

---

[20] Publicado em *A Gazeta*, de Vitória, edição de 13 de agosto de 1997.

Que se multiplique por este país, de todas as formas possíveis, o eco ao apelo que Betinho faz, em nome dos que não têm calorias nem para protestar.

A vida reservou-me a alegria de ter três encontros com Betinho: no Rio, na sede do IBASE, para atender uma convocação sua e escrever o livro *Como Participar da Constituinte*. Mais uma vez no Rio, na Universidade Santa Úrsula, para participar de um debate com ele. Finalmente, em Belo Horizonte, para comparecer ao lançamento de um livro seu.

Abalado pela morte de Betinho, fico aqui a refletir. Que é a fome? Que é o ser humano? Que é isto de "ser pessoa?" Que é isto que chamamos de "cidadania"?

O "ser pessoa" nos oferece diversas dimensões: psicológica, existencial, comunitária, política, jurídica, social e de abertura para o transcendente.

Cada uma dessas dimensões reflete a essência do existir, do afirmar-se e do ser. São dimensões que revelam e afirmam a dignidade de todos os seres. Se não desabrocham essas dimensões, o significado do humano estará sendo desprezado.

A cidadania é uma dimensão do "ser pessoa". O psicológico, o existencial, o ontológico exige esse componente político e jurídico, para realizar-se em plenitude.

A cidadania passa pelo "ser pessoa": ninguém pode ser cidadão sem ser pessoa porque "ser pessoa" é um pré-requisito existencial.

A cidadania acresce o "ser pessoa", eis que projeta no político, no comunitário, no social, no jurídico, a condição de "ser pessoa".

Não pode florescer a cidadania se não se realizam as condições do humanismo existencial.

Dentro da realidade brasileira de hoje, milhões não têm as condições mínimas para "ser pessoa"; não são também cidadãos.

Josué de Castro já havia denunciado, no seu tempo, a fome como "problema social". Graciliano Ramos, nos seus romances, retratou a fome como problema político. A fome não brota do céu. A fome tem causas na terra, nas injustiças imperantes. Josué e Graciliano sofreram exílio e prisão por dizer uma verdade tão óbvia.

Parecem-nos chocantes as sociedades que estabeleciam ou estabelecem expressamente a existência de "párias", na escala social; mas temos, na estrutura da sociedade brasileira, "párias" que não são legalmente ou expressamente declarados como tais, mas que "párias" são em verdade. São "párias" e têm seus descendentes condenados à condição de "párias". São "párias" porque estão à margem de qualquer direito, à margem do alimento que a terra produz, à margem da habitação que a mão do homem pode construir, à margem do trabalho e do emprego, à margem do mercado, à margem da participação política, à margem da cultura, à margem da fraternidade, à margem do passado, do presente, do futuro, à margem da História, à margem da esperança. Só não estão à margem de Deus porque em Deus confiam.

Mas essa situação não é inevitável. Se ficarmos de braços cruzados, tudo vai continuar assim.

Mas se a vida de Betinho, se a morte de Betinho nos acordar, nós venceremos a suprema negação do Direito que é a fome.

23 – Em memória de D. Luís Fernandes[21]

Esta página é dedicada a um Bispo católico. Mas a ação desse Bispo transpõe os horizontes da confissão religiosa a que ele pertenceu.

Vivendo uma Fé encarnada, o Bispo Luís deixou um grande legado. A respeito desse legado, o autor presta seu testemunho.

O que faz o rosto de um povo é a sua memória. Povo sem memória é povo sem rosto. Contribuir para a preservação da memória coletiva é um relevante serviço à Cidadania.

Há países onde o culto da memória constitui traço cultural sólido. Noutros países, o zelo pela História ainda é um aprendizado. Vejo o Brasil neste segundo grupo – um país que está aprendendo a guardar memória. Este aprendizado acompanha outros passos que estamos dando, pouco a pouco, na construção da Cidadania.

História, memória são coisas muito importantes. Guimarães Rosa, em frase que tem o gosto da poesia, disse isso muito bem: "Tudo que foi é o começo do que vai vir".

É dever dos mais velhos testemunhar esse "tudo que foi". É dever dos mais jovens fazer desse passado "o começo do que vai vir".

---

[21] D. Luís Gonzaga Fernandes faleceu no Estado da Paraíba, no dia 4 de abril de 2003. Esta página foi publicada em Vitória, no jornal *A Gazeta*, poucos dias depois de seu chamado para Deus.

Então, vamos lá a esse "tudo que foi".
Houve nesta cidade de Vitória um Bispo que se chamou Luís Gonzaga Fernandes. Exerceu seu ministério pastoral na Arquidiocese de Vitória até 1981, quando foi transferido para a Diocese de Campina Grande, na Paraíba.

Embora tenha sido Bispo católico, o relevo de sua ação transpõe em muito os horizontes de uma confissão religiosa particular. Foi Bispo com acendrado espírito ecumênico. Sempre esteve em comunhão com pastores e ministros das mais diversas Igrejas cristãs. Não uma comunhão formal. Muito mais que isto. Uma comunhão afetiva, um diálogo permanente, um esforço de descobrir "no outro" as inspirações da Verdade, do Bem e da Justiça.

Sempre me admirei de ver em Dom Luís um curioso mistério: conseguiu ser universal, sem deixar de ser nordestino.

Foi universal porque sempre compreendeu que, ao lado do compromisso diocesano, o Bispo é, por natureza e vocação, um peregrino. Foi um homem ligado a seu tempo e preocupado com o destino de sua região, de seu país, da América Latina e do mundo. Dentro do mundo, preocupado especialmente com os países pobres e os pobres dos países pobres.

Mas esse Bispo universal nunca perdeu o jeito nordestino, a filosofia de vida nordestina, a fibra nordestina, capaz de vencer qualquer barreira, de esperar qualquer espera, fiado não no provérbio popular (Deus tarda, mas não falha), porém num outro provérbio ainda mais rico de esperança (Deus nunca tarda, nós é que somos apressados).

A fraternidade foi o traço marcante da personalidade do homem Luís. Uma fraternidade ampla... Fraternidade através do social, do participativo, do político.

Foi um Profeta – aquele que nunca se omite quando deve anunciar a Justiça e denunciar a opressão, sob qualquer forma que se apresente. Comprometeu-se com o povo, com as multidões marginalizadas, comprometeu-se para solidarizar-se com o seu sofrimento e buscar a superação desse sofrimento, porque Deus nos criou para sermos felizes.

A D. Luís agradeço ter sido chamado (e o primeiro no chamamento) para integrar a Comissão "Justiça e Paz" da Arquidiocese de Vitória. Foi o fato mais relevante de minha vida.

Se algum fruto esta existência tem rendido, se no magistério lições de cidadania tenho ensinado, se como juiz pude fazer Justiça e "ouvir os clamores do povo", se algum livro bom escrevi, tudo isso aconteceu porque recebi o "batismo" da Comissão de Justiça e Paz.

Na Comissão "Justiça e Paz", com os companheiros de caminhada e com o povo sofredor, vi luzir, na escuridão, a Estrela Matutina.

24 – Esperança 100, Fome 0[22]

"Fome Zero" não pode ser apenas um programa de governo. Uma empreitada como esta transcende os titulares eventuais do poder, esse poder que é tão transitório e fugaz.

"Fome Zero" é convite à partilha, no seu mais integral significado.

Invariavelmente, a cada 31 de dezembro, em tempos de guerra, ou em tempos de paz, a Humanidade saúda o advento de um novo Ano. Diferença de fusos horários diversifica, ao redor do mundo, o momento exato do Ano Novo. Entretanto, como uma constante, em todos os quadrantes da Terra, irrompe alegria e esperança naquele exato instante em que os ponteiros dos relógios cruzam a meia-noite.

A presença desse festejo, nas mais variadas culturas, aponta para a conclusão de que há algo de antropológico nisto de apostar na felicidade.

No Brasil de 2003, os augúrios de que teremos o começo de um "novo tempo" são reforçados pelo fato de que, pela primeira vez na História do país, o povo, em eleições diretas, entrega a presidência da República a um cidadão sem origem ilustre, sem diploma universitário, sem domínio de várias línguas, sem tantas coisas que, na tradição do país, integraram o currículo de quem foi Presidente. Mas, em contraposição a essas supostas carências, o novo Presidente vem da classe operária, foi

---
[22] Publicar no jornal *O Liberal*, de Belém, edição do dia 30 de dezembro de 2002.

dirigente sindical, fundou um partido endereçado a ser um partido dos trabalhadores, tem o carisma dos grandes líderes e a capacidade de negociar, sem transigir no essencial, virtude que caracteriza os homens públicos que assinalam divisões na História.

Peso enorme recai nos ombros desse homem. Carrega as esperanças de um povo. Não se pode exigir que todas as mudanças necessárias sejam promovidas porque Roma não se fez em um dia. Também não fará sozinho qualquer alteração relevante na vida nacional. Dependerá do apoio e da pressão dos movimentos sociais e do conjunto da sociedade para avançar na direção de um país mais justo. Não se redistribuirá melhor a riqueza, em benefício dos que nada têm ou não têm o mínimo, se os que têm tudo ou têm muito continuarem defendendo com unhas e dentes suas vantagens, sem sensibilidade para compreender que, nesta imensa nau, ou há renúncias do supérfluo, ou a nau soçobra.

A meta de "Fome Zero" não pode ser apenas um programa de governo. Se esse programa for bem sucedido, como todos desejamos, não se credite seu êxito apenas aos atuais dirigentes do país. Uma empreitada como essa transcende em muito os titulares eventuais do poder, esse poder que é tão transitório e fugaz.

"Fome Zero" deve ser um grito da consciência ética do povo brasileiro. "Fome Zero" é a afirmação concreta de nossa cidadania. "Fome Zero" é a escuta retardada da voz profética de Josué de Castro, Helder Câmara, Betinho e tantos outros.

"Fome Zero" é um esforço nacional para que se ampliem com urgência as oportunidades de trabalho.

"Fome Zero" é a declaração textual de que o crescimento do PIB (Produto Interno Bruto) é uma ilusão, se esse produto interno não é distribuído.

"Fome Zero" é a afirmação de que temos de fixar metas de desenvolvimento para o país, de acordo com os nossos interesses, e não segundo modelos que as nações poderosas nos queiram impor.

"Fome Zero" é o convite à partilha, no seu mais amplo significado – partilha do pão, do saber, dos dotes de espírito, do poder, dos sonhos, da alegria, do futuro.

"Fome Zero" é a aceitação das diferenças e das divergências – nenhum homem, nenhum partido, nenhum grupo, nenhum segmento social, nenhuma confissão religiosa, ninguém pode pretender ser titular da verdade e dono do país. O Brasil pertence a todos nós.

Que, neste 31 de dezembro, ao lado dos votos pessoais de felicidade e paz, unamos almas e corações para desejar a nós, ao Brasil:

"Esperança 100, Fome 0".

25 – Privatizaram a morte

O culto aos mortos revela sensibilidade humana, valorização do ético, grandeza moral.
O autor vê uma incompatibilidade entre a Ética e a comercialização da morte.

Num certo sentido, a morte foi sempre o supremo momento de solidão. Ainda que esteja cercado do carinho de parentes e amigos, no instante final, quem morre, morre sozinho.
Mas não estamos querendo falar, neste artigo, na solidão da morte. Referimo-nos à privatização da morte, e o leitor vai entender o que queremos significar com esta expressão.
Nada temos contra empresas que mantêm cemitérios. Mas não nos parece acertado que as Prefeituras municipais se exonerem do dever de enterrar os mortos.
De longa tradição, no Brasil, os cemitérios eram sempre mantidos pelas Prefeituras. Além dos cemitérios municipais, de que se encarregava o poder público local, havia cemitérios sufragados por instituições religiosas. Não havia, no país, o cemitério como empresa.
Cemitérios municipais cobravam taxas bastante moderadas pelo espaço destinado ao morto.
Enterrar alguém, por si só, não onerava uma família. O que podia custar caro era o túmulo, porque aí a escolha podia ser entre um túmulo modesto ou um túmulo suntuoso.
Também aos pobres se assegurava, por sete anos, a oportunidade de adquirir o espaço destinado ao morto

da família. Só decorrido esse prazo, sem providência, é que os ossos passavam a ser colocados num espaço comum.

Ainda que, em vida, o trabalhador não partilhasse, com justiça, do fruto de seu trabalho, na morte cabia-lhe pelo menos os sete palmos de terra a que se refere o poeta João Cabral de Melo Neto. ("*Vida e morte severina*"). Era a fração que lhe tocava no latifúndio que não era seu.

No Brasil de hoje, nem essa fração, a que a morte assegura título, está sendo respeitada.

O culto aos mortos revela sensibilidade humana, valorização do ético, grandeza moral.

No Brasil, o culto aos mortos é um traço de nossa cultura. Veja-se, por exemplo, o sentido de solenidade que tem, entre nós, a reverência ao Dia de Finados.

Recentemente, comparecendo a um sepultamento, sou abordado por um corretor:

"Doutor, quero lhe oferecer uma sepultura. Exatamente neste local. Com vista para o mar."

Compreendi o empenho do corretor, no seu esforço de ganhar a comissão com a qual obtém o seu sustento. Mas dispensei, delicadamente, a bela vista para o mar.

Há Prefeituras que não mantêm cemitérios. Outras Prefeituras que, pelo tamanho e população da cidade, deveriam manter vários cemitérios, ficam apenas num único. Justamente essa omissão das Prefeituras é que abriu amplo espaço para a "iniciativa particular", na construção de cemitérios.

Dentro de uma visão pragmática, espaço com morto é espaço perdido. Morto não produz, morto não consome, exceto morto famoso que se torna, com freqüência, mercadoria, proporcionando lucros.

Mas é justamente contra essa visão pragmática que temos de reagir.

Há valores que devem ser preservados. Se desprezamos esses valores, arruinamos a identidade de um povo, destruímos todo sentido de continuidade e história, aniquilamos a pessoa humana e a dignidade dos seres.

Um alerta, pois, a Prefeitos e Vereadores: Cumpram o dever de enterrar os mortos. Assegurem, pelo menos na morte, a sacralidade inerente a todos os seres humanos, sem distinção.

26 – A alma do tempo[23]

"Que poesia transmitem as cidades do interior, quando dotadas de um espírito singular".

Ao prestar tributo a uma cidade do interior do Espírito Santo, o autor exalta todas as pequenas cidades, espalhadas por este Brasil imenso.
Héber Fonseca, homenageado nesta página, faleceu em 20 de janeiro de 2000. Este texto foi publicado seis anos antes de sua partida ao encontro do Pai. Uso muito apropriadamente a expressão "partida ao encontro do Pai" quando me refiro a Héber Fonseca, porque Héber Fonseca construiu sua vida tendo como base uma Fé encarnada, autêntica. Com fundamento na Fé, foi exemplar em tudo, testemunhou em todos os dias de sua existência valores cristãos, viveu em plenitude os salmos de Davi:
"O Senhor é meu pastor; nada me faltará."
"O Senhor é a minha força e o meu escudo; nele confiou o meu coração, e fui socorrido."

Retornei mais uma vez a São José do Calçado. Lá fui juiz durante quatro anos. Lá deixei amigos e lembranças.[24]

São José do Calçado tem figuras que a simbolizam. Uma destas chama-se Héber Fonseca.

---

[23] Publicado no jornal *A Tribuna*, de Vitória, edição de 6 de abril de 1994.

[24] De vez em quando, o autor retorna a São José do Calçado. Para celebrar alegrias ou partilhar dores. Quando este texto foi originariamente publicado, o autor tinha ido a Calçado para solidarizar-se com a família de Héber Fonseca. Falecera precocemente a esposa de Pedro, Teresinha. O marido de Norminha (Euclides) morrera no ano anterior, e o autor não pôde visitá-la naquela oportunidade.

Héber Fonseca foi (ou é) um serventuário da Justiça. O verbo deve ficar no passado (foi) se nos ativermos a sua situação legal de serventuário da Justiça aposentado. O verbo merece o presente (é) se nos fixarmos no valor semântico de "ser". Héber Fonseca continua dando vida a seu cartório, solucionando dúvidas, ministrando lições, apontando caminhos. Assim, não foi, mas é um serventuário da Justiça: exemplo, paradigma, modelo, horizonte.

Héber representa um tempo, é a alma de um tempo, para nos socorrermos de expressão cunhada por Afonso Arinos, no título de suas memórias. É a alma de um tempo que amou a Justiça, que acreditou na Justiça, que fez da Justiça o sentido de tantas vidas.

Freqüentar a casa de Héber Fonseca é buscar alento para continuar lutando, e amando, e crendo. Héber não precisa falar uma só palavra para transmitir valores. Basta sua presença. Seu semblante fala, sua vida fala, fala sua fé, sua coerência, sua integridade.

Quando cheguei a Calçado, de ônibus, para assumir a Comarca, juntamente com minha mulher, um rapaz nos acolheu com especial finura e simpatia.

Quando visitei pela primeira vez o Colégio de Calçado, uma jovem de 17 anos chamou-me especialmente a atenção. Pela beleza, pela vivacidade, pela espontaneidade. Protestava junto à direção do Colégio por alguma coisa que estava desagrando a turma.

O rapaz era Pedro, a jovem de 17 anos era Norminha, filho e filha de seu Héber.

São José do Calçado é uma cidade muito amada pelos seus filhos. Mesmo os que estão longe continuam acompanhando a vida da cidade, seja pelo jornal "A Ordem", seja por notícias transmitidas verbalmente.

O jardim de São José do Calçado é dos mais belos, dentre tantos que já vi em cidades brasileiras. Tem razão Ziraldo quando pede que se cuidem dos jardins e das flores. Jardins e flores humanizam cidades, casas, ambientes de trabalho, pessoas. Eu gostaria muito que São José do Calçado mantivesse sempre o seu jeito de ser. Que poesia transmitem as cidades do interior, quando dotadas de um espírito singular. Calçado possui esse espírito que a identifica. "Entre montanhas e flores"[25] um povo vive ali. Trabalhando, estudando, sonhando. Lutando pela preservação de sua história, de suas coisas, de seu patrimônio espiritual.

O Colégio de Calçado, o jornal "A Ordem", o Montanha Clube, o Hospital São José, a Biblioteca Pública e Escolar "Dr. Homero Mafra" são algumas das grandes instituições de Calçado. Instituições que ligam gerações, que estabelecem laços. A alma do tempo...

---

[25] O *slogan* criado por Keta Fonseca é registrado noutra parte deste livro.

27 – Celebridades

Nesta página, homenageio grandes personalidades do Espírito Santo. Essas personalidades capixabas representam muitas outras personalidades espalhadas pelo Brasil: clérigos e políticos comprometidos com a causa do povo; educadores que vejam o alfabeto como libertador; médicos voltados para o próximo e enxergando a dimensão política da Medicina; magistrados, advogados, ecologistas, artistas, pessoas enfim que rompem as amarras do egoísmo e da acomodação na busca de um destino melhor para o mundo.

Não me agradam as celebridades que surgem da noite para o dia, com gosto de coca-cola, tão evidente é o apelo de mercado com que foram produzidas.

São Francisco de Assis, em plano mundial, e Betinho, o Profeta contra a Fome, em plano nacional, são as celebridades que mais me cativam.

No Espírito Santo, eu me curvo diante de muitas celebridades. Cito algumas, representativas de muitas outras.

Dom João Baptista da Mota e Albuquerque, Arcebispo de Vitória. Abriu um novo tempo em matéria de compromisso social da Igreja. Rompeu com padrões e alianças históricas, para colocar-se a serviço do povo.

Mário Gurgel, símbolo do político, do homem fiel às idéias, do servidor. Jamais esqueceu suas origens. Durante o tempo em que foi presidente da Assembléia Legislativa, manteve no seu gabinete uma fotografia do barraco onde viveu sua infância, na Ilha do Príncipe.

Dona Zilma Coelho Pinto, educadora cachoeirense. Foi a primeira, no Brasil, a compreender que a alfabetização em massa era uma exigência de cidadania. Convocou governos e sociedade para a alfabetização universal do povo brasileiro.

Jolindo Martins, médico pediatra. Foi dos primeiros a perceber, no Brasil, que a Medicina implica opções políticas. Só se poderia falar em Pediatria fazendo de toda criança titular de direitos sagrados. Escreveu um livro que merece reedição: "Se a criança votasse".

Carlos Teixeira de Campos, símbolo do magistrado, pela dignidade, pelo humanismo, pela despreocupação com os valores de vencer que alicerçam a ideologia dominante. Recusou uma promoção na carreira, alegando que um colega tinha mais mérito do que ele.

Pastor Jaime Wright, que viveu os últimos anos de sua vida em Vitória. Junto com D. Paulo Evaristo Arns prefaciou o livro-denúncia *Brasil: Tortura Nunca Mais*. Além de militante contra a tortura, deu valiosa contribuição ao Ecumenismo.

Amaro Simoni, precursor da Ecologia. Defendeu a preservação da vida marinha presente nos mangues. Seu despojamento, na vida pessoal, tinha absoluta coerência com sua vocação de servidor do humano através da reverência à natureza.

Dom Luís Gonzaga Fernandes, o grande arquiteto das Comunidades Eclesiais de Base e da Comissão "Justiça e Paz". Sua ação pastoral tornou-se referência nacional e transpôs os limites do Brasil.

Ewerton Montenegro Guimarães, advogado e defensor dos Direitos Humanos. Atuou nos processos contra o Esquadrão da Morte, a respeito do qual escreveu um livro. Até sua morte, foi advogado da família do Padre Gabriel Maire, exigindo a correta apuração dos fatos que culminaram no assassinato do sacerdote.

Maurílio Coelho, o criador da fábrica de pios de Cachoeiro de Itapemirim, a primeira do gênero em todo o mundo. Obra de criatividade e poesia, os pios de Maurílio Coelho descansam, relaxam, levam o ser humano a penetrar no mistério da vida e na dimensão do divino.

28 – Urgência ética e desabrigados

Toca este texto em vários assuntos para analisar o problema dos desabrigados que desenham a paisagem urbana da maioria das cidades brasileiras.
Procura o texto fazer uma ligação entre a dívida externa brasileira e a questão da miséria.
Este tratamento da matéria é importante porque há como que uma "cortina de fumaça" cobrindo a dívida externa.
Ao observador desprevenido pode parecer que não há mais dívida externa, não há "serviço da dívida externa", ou seja, não há pagamento de juros extorsivos por conta da dívida externa brasileira.
Tudo isso é falso, mas a verdade é surpreendentemente ocultada de grande parte da opinião pública brasileira.
Embora primitivamente em jornal, as reflexões contidas nesta página transpõem o momento em que ocorreu a publicação originária.[26]
O sacerdote católico referido no texto é o Padre Alberto Fontana, cujo nome foi omitido quando publiquei o artigo porque convinha, naquela oportunidade, que seu trabalho tivesse a marca do humilde anonimato.

Não é muito fácil para o observador desavisado estabelecer a ligação entre a dívida externa e a criança que dorme nas ruas. Mas essa relação na verdade existe.

A dívida externa dos países do Terceiro Mundo é a mais violenta injustiça do mundo contemporâneo. Essa dívida é fabricada e mantida por mecanismos de escravização colonialista. A consciência de sua ilegitimidade é

---
[26] Publicado em *A Gazeta*, de Vitória, edição de 17 de junho de 1993.

muito forte em certos círculos de pensamento do Primeiro Mundo. Mais forte mesmo, nesses círculos, do que na opinião pública dos países vitimados pela "dívida". Presenciei na França essa curiosa contradição. É o encargo da dívida externa que exige dos países devedores o corte nos orçamentos sociais e impõe a esses países políticas recessivas. E tão pouco se fala disso no Brasil.

Cortes nos orçamentos sociais e políticas recessivas geram fome, desemprego, crianças dormindo nas ruas.

Por esse motivo, os grandes problemas sociais não podem ser equacionados por ações meramente assistenciais. Estas constituem apenas paliativos.

Mas a situação presente é por demais aviltante à dignidade humana. As medidas assistenciais e a ação paliativa passam a ser um imperativo ético.

Estão dentro desse quadro de "urgência ética" todas aquelas ações que se destinam a aplacar a fome e o frio dos milhões que foram expulsos da mesa e do pão, pelas estruturas socioeconômicas. Essas ações de urgência têm sido desenvolvidas pelos Poderes Públicos, Igrejas e sociedade civil em geral.

Além dessa questão da "urgência ética", que exige ações paliativas, há uma outra questão.

Imaginemos um mundo de Justiça, de distribuição e participação, sem colonialismo, exploração, apropriação do trabalho humano. Mesmo nesse mundo haverá sempre um espaço para os atos gratuitos de amor.

Num mundo de Justiça, pelo qual devemos lutar, todos terão trabalho, alimento e casa. A saúde será um direito, a cura das doenças não será comprada, todas as vidas humanas terão o mesmo valor.

Ainda nesse belo mundo de estruturas socioeconômicas justas, haverá o apelo do afeto, a força da generosidade, a beleza cósmica da compaixão. A mão que afaga, a lágrima de quem compartilha a dor, o calor da palavra amiga, esses gestos que dão a medida da transcendência do ser humano – nenhuma estrutura socioeconômica terá o poder de produzir. Esse é o território da gratuidade. Nesse território, o próximo é nosso irmão.

Diante das pessoas que, nas nossas cidades, não têm onde dormir à noite, as duas dimensões – a da "urgência ética" e a do "espaço dos atos gratuitos de amor" – constituem um grito perante nossa consciência. A "urgência ética" impõe que abrigos sejam construídos porque a situação aflitiva não pode esperar soluções de política nacional e internacional. As pessoas atingidas pela dramática situação de estar ao relento necessitam da estrutura material que as acolha hoje à noite.

Mas isso não é tudo. O "espaço dos atos gratuitos de amor" desafia os mais nobres sentimentos. Nessas hipóteses de desabrigo, as pessoas não necessitam só do teto. Também precisam do rosto humano – o sorriso humano, o interlocutor humano, a samaritana, o Francisco de Assis.

Todas estas reflexões me ocorrem, nesta tarde de domingo, para aplaudir com entusiasmo o abrigo construído pela Prefeitura de Vitória para acolher pessoas que estão ao relento. O projeto é estender o raio de acolhimento, de modo a transpor a dimensão de abrigo noturno.

Todas as Prefeituras de nosso Estado, principalmente as da Grande Vitória e as das cidades maiores, deveriam imitar esse exemplo.

O Secretário de Ação Social é um Padre, e a obra foi feita em convênio com a Federação Espírita. Não há barreiras entre confissões religiosas quando o fim é o serviço ao ser humano, é a defesa da dignidade humana.

Eu já recebi das mãos desse Padre a Hóstia que os católicos acreditamos que seja consagrada, quando se celebra a Missa. E agora partilho com ele a celebração que se projeta no mundo, na caminhada dos nossos dias... Hóstias de solidariedade, ósculos da Paz...

29 – Flauta em surdina[27]

Nesta página, o autor comenta o livro "Flauta em surdina", volume de crônicas de Homero Mafra, publicado postumamente.

No final do texto, o autor lavra seu juízo sobre Homero Mafra para considerá-lo um símbolo de juiz e um exemplo de ser humano.

Flauta em surdina foi o inspirado título dado ao volume de crônicas de Homero Mafra. A publicação dos textos, o resgate dessa obra literária tão importante deve-se ao esforço do jornalista Pedro Teixeira. A partir das crônicas publicadas no jornal "A Ordem",[28] Pedro Teixeira construiu um livro. Como o próprio pesquisador registra, os tipos da gráfica do jornal "A Ordem" estavam muito usados e às vezes foi preciso "desvendar" o sentido das frases truncadas.

Publicar crônicas tão magistrais, num jornal do interior, só realça a grandeza humana e a humildade de Homero Mafra. Ainda mais: publicar crônicas, num jornal como "A Ordem", onde a garra e a arte do tipógrafo Jair Mello supria as deficiências e omissões da oficina do jornal...

Penso que as crônicas reunidas no livro *Flauta em surdina* têm o toque do universal, na perspectiva do local. É como alguém que da Pedra do Jaspe ou das

---

[27] Publicado em *A Gazeta*, de Vitória, edição de 25 de janeiro de 1997.

[28] "A Ordem" é um semanário publicado na cidade de São José do Calçado, município de grande tradição cultural, localizado no sul do Estado do Espírito Santo.

alturas dos Pontões[29] visse todas as estrelas do mundo, numa noite clara de Verão.

Estamos diante, não de um cronista de São José do Calçado ou do Estado do Espírito Santo, mas de um cronista do Brasil. Tivessem essas crônicas sido publicadas num jornal de circulação nacional, e Homero Mafra figuraria entre os vultos maiores da crônica, em nosso país.

Sua capacidade de identificação com o povo, com os mais simples, com os mais sofridos, a sinceridade de sua dor diante da dor alheia, sua profunda solidariedade humana fazem de Homero um São Francisco de Assis da literatura.

E o mais belo, e o que justifica essa comparação entre a obra humana de Homero Mafra e a obra humana do santo de Assis, – é que Homero refletiu nos seus textos os mais profundos sentimentos de vida.

Como se parece com Francisco, que conversava com os passarinhos, este Homero que compreendia tão profundamente a relação entre as crianças e os papagaios multicoloridos que elas soltavam, nas tardes quentes, para voar, com a própria alma, pelos céus da cidade.

O humanismo das crônicas também sempre esteve presente nas sentenças do magistrado. Algum dia, alguém deverá fazer com as decisões de Homero Mafra o trabalho de pesquisa que Pedro Teixeira fez com as crônicas.

Homero freqüentava, com a mesma simplicidade, os jogos de futebol do "Torneio do Trabalhador", em Calçado, a feira e os feirantes da rua Constante Sodré, em Vitória, as rodas políticas e sociais. Em ambientes tão diferentes, o que ele buscava, no fundo, era compreender o enigma humano.

As novas gerações não o conheceram. E é este o grande mérito deste "objeto" que se chama "livro". O

---

[29] A Pedra do Jaspe e os Pontões são acidentes geográficos que dão uma fisionomia surpreendentemente bela ao município de São José do Calçado.

livro revive o que se passou, restaura a memória, eterniza pessoas e coisas.

Belo serviço prestaram à cultura capixaba todos os responsáveis pela edição de *Flauta em surdina*. É uma obra que, para quem conheceu Homero Mafra, proporciona um reencontro emocionante. E para tantos que não o conheceram, esses jovens que estão a entrar na universidade, *Flauta em surdina* revela um escritor, um humanista, uma pessoa que sofreu, mas que, sofrendo, engrandeceu-se como "gente".

Ele não se dizia um "crente". Mas não recusou o convite de D. Luís Gonzaga Fernandes para ajudar a refletir sobre o projeto de instituição, em Vitória, da Comissão "Justiça e Paz". Nem calou sua voz e sua autoridade moral para defender um dos membros dessa Comissão que veio a responder a processo no Tribunal pelo fato de integrá-la, mesmo sendo um magistrado. Parece que se aplica a Homero uma passagem do próprio Evangelho. Não é quem diz "Senhor, Senhor", que entrará no Reino dos Céus, mas quem pratica a Justiça e serve ao Amor.

Homero Mafra foi um símbolo de juiz, um exemplo de ser humano, uma dessas pessoas que mantêm em nós a esperança de que um mundo melhor um dia virá.

30 – Justiça fiscal[30]

O imposto deve recair sobre os que têm mais, a fim de ser redistribuído em serviços públicos e benefícios para os que têm menos. O imposto deve ser alimentado pela "ética da solidariedade", para ser um mecanismo de Justiça Social.
Este texto é uma reflexão sobre a Justiça fiscal.

O imposto pode e deve ser um instrumento de Justiça Social. Cumpre essa função ética e política, na medida em que contribui para a redistribuição da renda.

O debate desta matéria é sumamente oportuno no momento em que se pretende colocar o programa de "Fome Zero", não simplesmente na "pauta do Governo Federal". Muito mais que isso. "Fome Zero" como desafio para a consciência cívica do povo brasileiro.

Num primeiro momento, de socorro emergencial, a luta por "Fome Zero" pode reclamar apenas um gesto de fraternidade: os que possuem alguma coisa coloquem, no regaço dos desprovidos, o que lhes sobra, como de tanto tempo a Bíblia Sagrada recomenda; os Governos, nas suas três órbitas, instituam programas de atendimento imediato de necessidades absolutas; organizações da sociedade civil disponham-se a colaborar para atender aos apelos prementes.

Esse "primeiro momento" será útil se despertar a vontade coletiva para enfrentar o "segundo momento".

Num segundo momento, "Fome Zero" exige aumento das oportunidades de trabalho a fim de que "o

---
[30] Publicado em *A Gazeta*, de Vitória, edição de 6 de dezembro de 2002.

homem ganhe o pão com o suor de seu rosto". O pão que se obtém através do trabalho nunca humilha mas, pelo contrário, engrandece a condição humana. "Fome Zero" requer que se estabeleçam políticas públicas endereçadas à maioria descalça, e não à minoria dominante, políticas públicas que inclusive multipliquem os postos de trabalho.

Dentro dessa conjuntura é que se coloca a questão do imposto.

O imposto deve recair sobre os que têm mais, a fim de ser redistribuído em serviços públicos e benefícios para os que nada têm ou para os que têm menos. O imposto deve ser alimentado pela "ética da solidariedade", pela "ética da cooperação", em oposição à competição, ao egoísmo, ao individualismo.

Não há caminho para o Brasil, nem mesmo para os ricos, se o individualismo dá as cartas. O Brasil tem tudo para ser um grande país, exemplo mesmo para o mundo, se fizermos da solidariedade nossa bandeira como Nação.

Parece-me justo, por exemplo, o princípio da progressividade, na cobrança do imposto de renda. Ou seja, que o ônus tributário recaia com maior peso sobre os que ganham mais.

O imposto sobre grandes fortunas, sabiamente previsto pela Constituição de 1988, ainda está na dependência de lei complementar, embora a "Constituição cidadã" já tenha completado 14 anos de vigência. Não se argumente que esse imposto seria injusto porque a grande fortuna já teria sido onerada pelo imposto de renda, quando se constituiu. A impugnação, quanto à justiça ou oportunidade desse imposto, é improcedente: primeiro porque nem sempre os titulares de grandes fortunas pagaram imposto de renda quando a fortuna se formou; segundo porque, mesmo que a renda tenha sido onerada pelo tributo, a grande fortuna é também passível de ônus fiscal dentro do princípio geral de submissão do imposto à "ética da solidariedade".

O universo dos contribuintes deve ser ampliado. Muitos cidadãos e muitas atividades econômicas eximem-se de pagar qualquer espécie de imposto, o que é desonesto e socialmente nocivo. A consciência de cidadania precisa conduzir à idéia de que pagar imposto é dever social. Todo cidadão deve ser um fiscal fazendário, negando apoio às artimanhas imaginadas por indivíduos ou empresas que pretendam fugir da carga tributária.

O bom uso do dinheiro público deve ser exigido com rigor cada vez maior. A malversação dos recursos do erário desestimula o cidadão de fazer sua parte, pagando os impostos. Nesta matéria, os Tribunais de Contas devem ter um papel extremamente mais atuante do que o exercido atualmente. Os Tribunais de Contas não se justificam, na estrutura constitucional do país, se surpreendem pequenas irregularidades e deixam escapar os escândalos. Acho que constituirá um avanço democrático: de um lado, ampliar o leque das atribuições, deveres e poderes dos Tribunais de Contas; de outro lado, modificar o sistema de escolha de seus membros, de uma forma que prestigie a cultura, a inteligência, os conhecimentos técnicos e faça da idoneidade moral ilibada, condição indispensável para galgar a condição de membro de uma corte de contas.

Isenções fiscais e mecanismos em geral de fuga fiscal devem sofrer uma devassa ampla nestes novos tempos de Brasil. A competição entre Estados da Federação, para abrigar investimentos, não pode ser válvula de escape utilizada por empresas nacionais ou estrangeiras para eximir-se da obrigação de contribuir com os impostos.

Como outras urgências, creio que a "ética fiscal" é uma urgência brasileira.

31 – Uma lição de tolerância[31]

Este texto, repassado de sentimento, foi escrito depois de uma visita do autor a sua terra natal. Contendo reflexões sobre o mundo e a vida, é uma exaltação da tolerância.

O mundo é uma construção coletiva. Exaltam-se benfeitores, inventores, líderes políticos, escritores e profetas. São esquecidos os que trabalham na sombra. Entretanto, a obra anônima de milhares suplanta em muito o acréscimo feito ao patrimônio humano pelo pequeno grupo das pessoas que são lembradas.

O mundo é uma construção permanente. As gerações se sucedem. Cada uma deixa sua contribuição ao acervo geral.

O mundo é um tecido talhado por diferentes aptidões e profissões. Não existe um trabalho mais importante que outro.

O mundo é uma sucessão de idades. Cada uma tem seu selo, cada uma imprime sua marca no mosaico da vida. Crianças, adolescentes, jovens, pessoas maduras e idosos – cada idade traz seu canto para a sinfonia universal.

O mundo é um conflito de opiniões. Ninguém é dono da verdade. De muitas fontes pode vir o bom conselho. Que se tenha ouvido magnânimo para receber e acolher as inspirações para o bem.

O mundo é feito de rupturas, mas também de convergências. Na travessia da vida é preciso que haja pontes.

---
[31] Publicado em *A Gazeta*, de Vitória, em 1º de julho de 2003.

O mundo é feito de confrontos, mas também de diálogos. Que haja mediadores capazes de suprimir aparentes abismos. O mundo é feito de saudades, mas também de esperanças. Que haja sempre alma de criança para divisar o futuro. O mundo requer presença, ação, cidadania. Que haja espaço para que todos falem, sugiram, somem.

Adquiri experiência para formular estes conceitos no desenrolar da vida. Mas a semente de tudo começou numa cidade, e os leitores entenderão a seguir a relação das idéias aqui colocadas.

Fui a minha terra para celebrar com Davi Cruz e Wilson Lopes de Rezende o "Dia de Cachoeiro". Recebi um banho de poesia, naquele pedaço de chão abençoado. A página que escrevo hoje, inspirada na "alma cachoeirense", não pode ser senão uma página dirigida à sensibilidade.

A pedido do Prefeito Ferraço, discursei, brevemente, junto ao busto de Newton Braga, o criador da Festa.

Falei a meus conterrâneos e aos amigos de Cachoeiro presentes ao ato sobre a "singularidade" de nosso torrão. Com muita pertinência, nós o consideramos a "capital secreta do mundo".

Para provar essa singularidade, observei que Cachoeiro é uma cidade que sempre se abriu à tolerância, à supremacia dos grandes valores humanos. E para que essa afirmação não caísse no vazio de um bairrismo exacerbado, citei uma passagem ligada à vida de Demistóclides Baptista, nosso saudoso Batistinha. Fiz a remissão histórica na presença de Moema Baptista que, como eu, foi Cachoeirense Ausente Número 1 em anos pretéritos. Moema, sobrinha de Batistinha, confirmou com um aceno de cabeça a exatidão do episódio.

Batistinha estava exilado. Falece então, em Cachoeiro, sua Mãe. Avisado, o filho corre o risco, mas ingressa, clandestinamente, no Brasil, para ir a Cachoeiro prestar a última homenagem àquela que lhe trouxe ao mundo. Um enterro não se faz às ocultas. Era evidente que, Batistinha, um exilado político, "foragido" da Justiça Militar, estava na cidade. Ninguém, porém, delatou Batistinha. Ninguém se movimentou para que Batistinha fosse preso.

Eu arrematei a narração do fato com uma conclusão: Batistinha era um exilado político, um proscrito. Quem, sendo cachoeirense, se atrevesse a prendê-lo, naquelas circunstâncias, assinaria sua própria sentença de "proscrição moral". Cachoeiro não aceitaria um ato de tamanha indignidade.

E assim Batistinha, depois do sepultamento de sua Mãe, voltou ao exílio, peso do qual só se libertou quando a Anistia foi conquistada por aqueles que aqui ficamos.

32 – Maternidade é bombardeada[32]

A partir do relato da jornalista Samia Nakhoul, testemunha presencial do bombardeio de uma maternidade, pelas tropas norte-americanas, em Bagdá, o autor tece considerações sobre princípios éticos que, mesmo numa situação de guerra, devem ser observados.

Tantas atrocidades têm sido praticadas pelas tropas invasoras, no Iraque, que um fato importante pode ficar em segundo plano, sem o relevo que merece.

Diversos jornais do país, na edição de 3 de abril último, noticiaram o bombardeio de uma Maternidade, em Bagdá.

A jornalista Samia Nakhoul, que trabalha na agência de notícias Reuters, foi testemunha presencial do episódio, fotografado e distribuído para o mundo.

A Maternidade, atingida pelas bombas, é mantida pelo "Crescente Vermelho", instituição equivalente, no mundo muçulmano, à "Cruz Vermelha Internacional".

Vários alvos civis têm sido atingidos pelas tropas agressoras, conforme denúncia e protesto da prestigiosa entidade de direitos humanos "Anistia Internacional", mundialmente respeitada.

Mas o bombardeio de uma Maternidade parece-me torpeza que não se confunde com outras brutalidades que estão sendo praticadas no Iraque.

Um país que manda o homem à Lua e traz esse mesmo homem de regresso à Terra, com absoluta preci-

---
[32] Publicado no *Diário do Amapá*, edição de 6 de abril de 2003.

são de tempo e espaço, erra um alvo, atinge, por mero acaso, uma Maternidade?

Creio que seja bastante remota essa possibilidade de erro.

Entendo que o fato deve ter uma outra leitura. Bombardear uma Maternidade é bombardear a Vida, é bombardear os que estão para nascer. Bombardear uma Maternidade muçulmana, árabe, é simbolicamente decretar a morte de um povo, é afirmar que esse povo, essa raça, essa cultura não deve ter descendência. Bombardear uma Maternidade tem a força do crime de genocídio.

Nenhum episódio desta brutal invasão do Iraque causou-me mais revolta do que o bombardeio da Maternidade do "Crescente Vermelho".

Sou solidário com as mulheres grávidas que ali esperavam o momento de dar à luz. Sou solidário com os nascituros que teimavam em nascer apesar da morte anunciada. Sou solidário com as criancinhas que já tinham vindo à luz na Maternidade da longínqua e tão próxima Badgá.

Nesta solidariedade, eu me mantenho fiel a uma história de vida. O velho juiz que, nesta página de jornal, assina uma sentença condenatória contra as tropas que praticaram este abominável genocídio, é o mesmo jovem juiz que há vinte e cinco anos atrás, no Fórum de Vila Velha (ES), libertava a acusada Edna porque Edna ia ser Mãe.

No despacho, eu dizia que Edna era santificada pelo feto que trazia dentro de si e que, diante dela, o Juiz deveria se ajoelhar, numa homenagem à Maternidade.

No despacho eu dizia que renegaria todo o meu credo, rasgaria todos os meus princípios, trairia a memória de minha Mãe, se permitisse sair Edna do Fórum sob prisão.

Edna era uma prostituta, mas a condição de Mãe fazia dela um ser sacrossanto.

O mundo perderá todo o seu sentido ético, todo o seu referencial de dignidade, se valores como Mãe e Criança deixarem de ter significado.

Causa alguma, motivo algum autoriza que se profane a Maternidade ou que se inflija dano à Criança.

33 – Nova ética mundial[33]

É preciso afirmar a suprema identidade do gênero humano, acima de fronteiras e de bandeiras. Isto exige uma nova ética mundial.
Um novo mundo é possível.

O que Lula propõe em Davos é uma nova ética nas relações internacionais.

O Fundo Internacional para o Combate à Fome é a corporificação dessa Ética.

Não foi Lula o primeiro a falar que a Justiça e a Solidariedade Internacional são exigências éticas.

Filósofos de vários matizes, líderes religiosos de vários credos há muito já afirmam a suprema identidade do gênero humano, acima de fronteiras e de bandeiras.

Também estadistas já subscreveram este conceito, embora alguns deles não tenham falado seriamente nisto, usando o apelo desse discurso ético apenas para fins de propaganda e de dominação.

Mas Lula aparece aos olhos do mundo como líder que encontra sua substância e razão histórica na autenticidade do seu discurso.

Apelando para a força ética da Justiça e da Solidariedade internacional, Lula não falou apenas em nome do Brasil. Foi intérprete de todas as nações do Hemisfério Sul.

Sua palavra já encontrou imediata ressonância junto a destacadas personalidades, no reduzido mundo dos

---

[33] Publicado no *Correio do Estado*, de Campo Grande, edição de 3 de fevereiro de 2003.

países ricos. Essa ressonância tenderá a crescer na medida em que sua palavra tiver coerência com a ação prática. Lula apresenta-se assim com credenciais para arrastar um grande mutirão internacional na luta contra a fome.

Lula, um líder político, lembra-me um líder religioso – o inexcedível Dom Hélder Câmara. O bravo e humilde D. Hélder, em certo momento da História, foi a mais retumbante voz do Terceiro Mundo, no seu grito de Justiça.

O reclamo de Justiça e Solidariedade internacional tem de aliar-se a uma nova ética de Justiça e Solidariedade dentro dos muros de nosso país.

Há que se distribuir melhor o trabalho, o pão, o saber, o progresso, dentro do Brasil. Há que se contrapor uma "ética do ser" a uma suposta "ética do ter". Há que se renunciar ao supérfluo, para afirmar a dignidade humana. Há que se buscar a Justiça e a honestidade fiscal, de modo que o imposto seja um instrumento de redistribuição da riqueza. Há que nos opormos a privilégios, em favor do bem comum. Há que se libertar urgentemente os "ladrões de galinha" e outros pequenos criminosos, para ocupar as vagas do sistema prisional com os "ladrões do Tesouro Público". Há que se entender que todos ganham se acabamos com a miséria e a fome.

Nos países ricos existem organizações da sociedade civil, grupos de pressão, líderes, pessoas comuns que há muito tempo lutam pela transformação deste mundo. Há os que se opõem à guerra, porque cultuam ardentemente a Paz. Há os que forcejam para que os gastos militares sejam redirecionados para objetivos pacíficos.

É possível um novo mundo. É possível uma nova ética. É possível a aliança de consciências e vontades de todos os quadrantes da Terra, para a construção de uma sociedade mais digna e respeitadora da sagrada substância humana.

Acima de partidos, acima de pessoas, acima de acidentais diferenças religiosas – nós podemos mudar a História. Nós somos construtores da História, nós somos donos da História, nossas opções assinalam o presente e desenham o futuro.

34 – Quinhentos anos de Brasil?[34]

Quando se registraram os 500 anos de presença portuguesa no Brasil, os meios de comunicação cunharam a expressão "500 anos de Brasil".

O autor revolta-se contra essa adulteração da verdade histórica. O Brasil não começou com a chegada dos portugueses.

"500 anos de Brasil" é uma grande mentira que resulta de um equívoco histórico. Esse equívoco foi transmitido a quase todos nós, desde a infância. A mídia agora só reforça o engano ancestral e dá a ele cores de espetáculo.

Na minha infância, em Cachoeiro de Itapemirim, uma professora de História, conhecida e amada por sua delicadeza, perguntava ao aluno: "Quem descobriu o Brasil?"

E o menino inquieto, pensando em outras coisas mais interessantes, demorava na resposta.

A bondosa professora então ajudava: "Meu menino, quem descobriu o Brasil foi Pedro Álvares Ca..."

E o menino não tinha como deixar de completar, sob aplausos entusiásticos da professora: "bral. Cabral, professora."

Dizer que o Brasil completa 500 anos significa dizer que a História do Brasil começou com a conquista do território pelos portugueses. Celebrar 500 anos de "descobrimento" é uma ofensa aos povos indígenas que aqui

---
[34] Publicado em *A Gazeta*, de Vitória, edição de 22 de maio de 2000.

viveram e construíram os primórdios da História de nosso país.

Que rico patrimônio cultural, religioso, humano, de sabedoria feito esses povos indígenas detinham. Mas o colonizador, no Brasil, nas Américas e em outras partes do mundo, fez questão de desconhecer esse patrimônio. O Deus dos povos indígenas era falso, o Deus verdadeiro era o Deus europeu. Sob a cruz desse Deus (profanando essa Cruz feita de amor), os europeus dizimaram as nações indígenas.

Para os povos indígenas, a terra era um patrimônio comum de todos os seres. Não havia propriedade particular daquilo que Tupã destinara, como dádiva, para alimento dos homens. Os europeus aqui aportaram trazendo consigo o dogma da propriedade particular da terra e a atribuíram, em faixas imensas, cortadas em retalhos, a poderosos senhores, através das capitanias hereditárias. Nesse vício histórico está a origem cultural do latifúndio, tão danoso até hoje ao Brasil.

Se tivéssemos absorvido dos povos indígenas a concepção de terra, como bem comum, não haveria o MST, não haveria o grito pela terra, o grito dos excluídos.

Os povos indígenas tinham uma Medicina haurida de uma experiência de séculos ou milênios. Essa Medicina resultou de tentativas de erro e acerto, inspiração, intuição. Hoje muitas pessoas, inclusive médicos e outros profissionais universitários, voltam-se para as plantas, como fonte de cura e prevenção de doenças, plantas que os povos indígenas tão bem conheciam. Augusto Ruschi, já bem doente, procurou tratar-se com um pajé. Não teve medo o grande cientista de curvar-se à face do saber indígena, não obstante esse saber seja desprezado pelos que se consideram donos exclusivos da verdade. Talvez não se tenha curado o nosso Ruschi porque procurou tardiamente socorro.

Ainda que remando contra a maré, lanço meu protesto contra a suposta comemoração dos 500 anos de Brasil. Reverencio os que aqui viveram antes que os portugueses chegassem. No alarido das festas dos 500 (?) anos, homenageio os povos indígenas. Penso em como seria diferente a História do Brasil se, em vez de dominação e extermínio, duas tradições culturais tivessem aqui dado as mãos – os povos indígenas teriam alguma coisa a aprender dos portugueses; os portugueses teriam muito que aprender das nações indígenas.

35 – Sem memória não há povo[35]

Os povos têm alma. A alma dos povos se dissolve se não se registra sua História através do livro. Esta página refere-se a três livros publicados no Espírito Santo. Um magistrado, um professor e um político têm sua vida resgatada através destes livros. Não basta que haja uma "memória nacional". Tão importante quanto esta são as "memórias regionais". Em certa medida, a memória nacional é a soma das memórias locais.

Os povos são como as pessoas. Possuem características que os individualizam. No Brasil, as culturas regionais, longe de dividir e separar, tornam fascinante a interpretação de nosso país. A tarefa não aguça apenas o saber do antropólogo e do sociólogo. Atiça a curiosidade do observador comum.

Se os povos têm alma, a alma dos povos se dissolve e evapora quando o registro de sua História – fatos e pessoas – não é imortalizado através do livro.

Esta é a razão pela qual merecem interesse e leitura atenta três livros recentemente publicados. São livros que ajudam a compreender o Espírito Santo e sua gente.

Theomar Jones, brilhante escritor e jornalista capixaba, que hoje reside em Petrópolis, escreveu *Carlos Teixeira de Campos – vivência, grandeza, resplendor*. É uma cuidadosa e séria pesquisa, toda feita de carinho, sobre o grande magistrado e educador. Conta a vida de Carlos

---

[35] Publicado no *Sete Dias*, de Cachoeiro de Itapemirim, edição de 13 de fevereiro de 1999.

Teixeira de Campos, desde sua infância em São José do Calçado, o curso ginasial na cidade mineira de Leopoldina, até sua vida adulta nos mais diversos municípios do Espírito Santo. Retrata o diretor do Colégio João Bley, de Castelo. Mostra o juiz que percorreu as mais diversas comarcas de nosso Estado distribuindo Justiça como pão sagrado. Apresenta o poeta. Mas sobretudo consagra o homem bom, humilde e "santo" (como o designou, no prefácio, Renato Pacheco). Carlos de Campos foi alguém que engrandeceu, com a mesma nobreza, o espaço privado (a vida em família, a acolhedora casa da rua Elesbão Linhares) e o espaço público (os fóruns, o Tribunal). Na Justiça, construiu merecida legenda como magistrado-símbolo.

Aylton Rocha Bermudes publicou *Nos sulcos do tempo*. A personagem fictícia Celso garante a presença da obra na seara da ficção. Celso é o próprio autor, mas o livro suplanta os limites de uma autobiografia. Aylton Rocha Bermudes conta a história de um tempo, a memória de uma geração. Radiografa a educação brasileira, a que era ministrada nos seminários, a que era ministrada na escola leiga. Cachoeiro aparece com vigor no livro. O Professor Aylton lecionou no Ginásio das Irmãs e no "São Pedro" (onde fui, com muita honra e alegria, seu aluno). Mas o Liceu foi a seara principal de seu ofício. Ali lecionou Francês, como catedrático por concurso. Daí o justo destaque que é dado às memórias do Liceu. *"Nos sulcos do tempo"* é uma deliciosa leitura, estilo envolvente, vernáculo perfeito, cultura humanista ampla e profunda. É uma lição de amor ao saber e à vida que o professor, mesmo aposentado, continua a dar.

O livro *O Menino da Ilha*, de Antônio de Pádua Gurgel, recupera a biografia do político e advogado Mário Gurgel. Não obstante seja o filho escrevendo sobre o pai, *O Menino da Ilha* mantém-se numa linha de absoluta verdade histórica. Isto porque Antônio de Pádua teve o cuidado de reunir vasta documentação a embasar cada um dos aspectos da vida de Mário Gurgel. O político ético, o homem comprometido com uma visão de mundo, fiel na glória e na amargura às suas origens de pobreza, coração capaz de enternecer-se com a dor do próximo – tudo aparece claro e belo neste livro emocionante. *O Menino da Ilha* mostra que vale a pena ser coerente, que a dignidade compensa, que a honestidade rende frutos. O político, que se utiliza do engodo e da mentira, pode vencer eleições. Mas só um político como Mário Gurgel granjeia o respeito da posteridade, a admiração gratuita plantada no íntimo da alma. O mérito arranca lágrimas... quando nos lembramos de quem realmente foi grande.

36 – Telefonista, vínculo entre pessoas[36]

Antigamente, não havia discagem direta. Todas as ligações eram feitas por intermédio da telefonista. Não sou contra o DDD, nem contra o progresso, mas a ligação "via telefonista" tinha muito mais poesia e humanismo.

Há curiosos caminhos no nosso dia-a-dia para compreendermos a essência das coisas. Episódios simples revelam às vezes circunstâncias e situações que não tínhamos tido a sensibilidade de perceber.

Um problema de saúde dificultou-me o uso da fala durante semanas. Mesmo depois que já havia felizmente melhorado, sentia extrema dificuldade de falar ao telefone.

Pela primeira vez na vida descobri um fato do qual nunca me tinha dado conta. Falar ao telefone reclama um esforço vocal muito maior do que o esforço da comunicação face a face.

Pensei então nos telefonistas e nas telefonistas que trabalham diuturnamente usando a fala para o exercício da profissão. Que trabalho desgastante, que luta infinda... Têm direito, por lei, a uma jornada menor (seis horas diárias, em vez de oito). Mas percebem, em regra, salários bem modestos, se considerarmos sua relevante função.

Hoje, com o sistema de discagem direta, os telefonistas só atuam nas mesas telefônicas de empresas e

---
[36] Publicado em *A Gazeta*, de Vitória, edição de 27/01/1998.

repartições públicas e em outras situações especiais. Completam as ligações para os ramais internos, a partir do tronco central, ou cumprem operações complementares de que o automatismo não se pode encarregar.

Porém, mesmo assim, sem a presença dos telefonistas haveria um colapso na vida econômica e social da cidade, do país.

Falando pouco durante vários dias, pensei muito.

Lembrei-me de tempos passados, quando não havia discagem direta. Todas as ligações eram feitas por intermédio da telefonista. E nesse tempo, era "a telefonista" mesmo. Salvo rara exceção, o trabalho era realizado por mulheres.

Não sou contra o DDD, nem contra o progresso, mas a ligação "via telefonista" tinha muito mais poesia e humanismo.

Se pedíamos à telefonista para nos ligar com determinada pessoa e essa pessoa tinha viajado, freqüentemente a telefonista disso nos informava de pronto. Se queríamos notícia de alguém doente, a telefonista já nos antecipava informações, como, por exemplo, que não adiantava falar para a casa do enfermo porque o enfermo e os familiares estavam no hospital.

A telefonista não era um terceiro impessoal, mas parte da comunicação humana que se travava através do telefone.

Mas pode alguém perguntar: e o sigilo?

Sigilo não havia antes e não há hoje. As linhas cruzadas impedem o sigilo. Quem quer mesmo sigilo, ou não fala por telefone, ou falando por telefone utiliza códigos e estratagemas de linguagem.

Em São José do Calçado, onde fui Juiz de Direito durante vários anos, a responsável pelo Posto Telefônico Público era a Senhora Aída Rezende Ferreira. Como não havia telefones instalados nas residências, Dona Aída ia chamar as pessoas para atender as ligações no Posto Telefônico da cidade. Morro acima, morro abaixo, na cidade que tem sua "marca registrada" nas ladeiras ("cidade simpatia entre montanhas e flores", como Keta Fonseca a batizou), lá seguia Dona Aída, diariamente, no seu mister de aproximar falas, pessoas, corações. Não havia sol que a impedisse de trabalhar, não havia chuva que a molestasse.

Vejo em Dona Aída o símbolo da profissão de telefonista. Dona Aída, que hoje está aposentada, era no seu ofício vínculo entre seres humanos, com uma capacidade infinita de doar-se, de servir.

Quisera que não se exigisse tanto dos telefonistas, que a carga de atendimento para cada um fosse menor através da multiplicação de operadores. Então, as ligações não precisariam ser feitas tão corridamente.

Numa época de individualismo, de frieza, de rostos sem face e de faces sem cor, os telefonistas podem humanizar as comunicações para que sejam realmente humanas. Podem afirmar que, do outro lado da linha, não existe apenas um número ou um ramal, mas pessoas.

37 – Testemunhou a justiça[37]

Esta página reverencia a memória de um magistrado exemplar, ex-aluno do autor.

Danilo Augusto Abreu de Carvalho foi colhido da vida ainda muito jovem.

Felizmente há por este Brasil jovens idealistas e dignos como Danilo, dispostos a desposar a magistratura com paixão e altivez.

A morte sempre nos surpreende, mesmo quando se trata da perda de alguém que já viveu longamente. Quando atinge um jovem, a morte nos deixa perplexos. Se resulta de um acidente de carro, causado por um motorista desrespeitador da vida, a morte nos revolta.

Como pode morrer alguém que tinha tanto para dar?

Danilo Augusto Abreu de Carvalho era esperança para um novo tempo da Justiça brasileira. Tinha todas as qualidades que podem honrar e enobrecer um magistrado: a dignidade impoluta, a seriedade no trabalho, a retidão moral, a grandeza humana, a cultura, o amor do estudo, a responsabilidade no encaminhamento e na solução justa de todos os casos confiados a sua consciência.

Como suplemento dessas virtudes, Danilo era dotado de imensa doçura, uma capacidade infinita de sentir e vivenciar o drama e o sofrimento das pessoas. Bem humorado, sempre alegre, um sorriso espontâneo nos lábios, o olhar transparente, até nas mensagens que enviava pela internet demonstrava seu gosto pela vida,

---
[37] Publicado em *A Gazeta*, de Vitória, edição de 3 de novembro de 1997.

seu idealismo, seu desejo permanente de tornar este mundo mais fraterno.

Como magistrado do trabalho, Danilo apontava, com inteligência e visão social, novos caminhos para o Direito.

Foi autor de um voto pioneiro na Justiça trabalhista do Brasil. Esse voto, portador do mais alto sentido ético, está embutido no processo n. 4071 do Tribunal Regional do Trabalho do Espírito Santo. Nele, Danilo Augusto dá validade, no âmbito do Direito interno do país, à Convenção 185 da Organização Internacional do Trabalho. Essa Convenção só admite que o empregado seja despedido da empresa por motivo socialmente justificável. Em outras palavras: o trabalhador não é lixo, não é bagaço, seu emprego não está ao bel-prazer do patrão. O trabalhador integra a empresa, é a parte mais importante da empresa.

Mas o voto do juiz Danilo não foi grandioso apenas pela conclusão. Foi grandioso sobretudo pela motivação, pela fundamentação social e jurídica.

Na essência da questão sob exame, Danilo colocou com sabedoria:

"A Convenção 185 é a Lei Áurea do Século XX: em 1888 libertou-se o corpo de quem produzia; alforriemos agora seu espírito frente ao autoritarismo que, em larga escala, ainda impera na relação Capital & Trabalho".

Sobre a timidez dos juízes em abrir caminhos novos para a jurisprudência, ponderou com firmeza e acerto:

"É incrível, mas nós, juízes, talvez sejamos os que mais menosprezamos nossa capacidade criativa, nosso tirocínio, nossa aptidão em construir, caso a caso, o Justo. Queremos que nos digam, passo a passo, inciso por inciso, parágrafo por parágrafo, como nos portar, o que decidir, que caminhos trilhar".

Noutro trecho do voto exemplar, ingressando na ética da relação de trabalho, dá um ensinamento para toda a sociedade:

"O direito potestativo de retirar de um pai de família a fonte de seu sustento é sempre defendido como *liberdade* essencial ao empreendimento. Teme-se (é a doutrina majoritária até esta quadra) retirar do empregador essa *liberdade,* esse poder – dir-se-ia imperial – de pôr fim à relação de emprego *sem ser obrigado a declinar as razões pelas quais o faz".*

Creio que o voto citado dá o perfil do juiz.

As sentenças de Danilo merecem a perpetuidade do livro. Serão guia para os nossos jovens, sedentos de valores, inspiração para os cultores da Ciência do Direito. Expressamos essa opinião no instante do sepultamento do ex-aluno querido. O presidente do TRT concordou e disse, na mesma oportunidade, que tal livro será publicado.

A morte causa uma dolorosa ruptura. Mas outros vínculos, outras esferas nos dão a certeza da continuidade da vida. Ficamos aqui à espera do Encontro Definitivo. Naquela dimensão, reinará a Justiça e a Paz, valores que a vida de Danilo testemunhou em cada manhã de sua breve, mas iluminada existência.

38 – Muçulmanos, nossos irmãos[38]

Imigrantes muçulmanos, vivendo há muitos anos no Brasil, estavam sofrendo constrangimentos, na data em que este texto foi publicado como artigo, em jornal. As humilhações impostas aos muçulmanos e árabes em geral tinham como causa real ou pretexto os ataques contra as torres de Nova Iorque.

O autor lembra as aflições que sua própria família, de origem germânica, sofreu no Brasil, durante a Segunda Guerra Mundial para, em síntese, repudiar o preconceito, a intolerância, as discriminações.

Árabes residentes no Brasil, principalmente muçulmanos, têm sofrido constrangimentos e humilhações, em decorrência dos ataques aéreos suicidas desfechados contra a cidade de Nova Iorque.

Ainda que, dentre as hipóteses possíveis, venha a confirmar-se a autoria dos atentados por algum grupo militar árabe, nenhuma justificativa existe para que árabes em geral sofram represálias e muito menos que sejam atingidos árabes, muçulmanos ou não, residentes no Brasil.

Isso me lembra humilhações que minha própria família, de origem germânica, sofreu, durante a Segunda Guerra Mundial. Nada tínhamos a ver com o Nazismo, éramos simples alemães ou descendentes de alemães, mas o preconceito e o ódio atingiram injustamente meus familiares e outros imigrantes alemães e italianos, já de muito incorporados à vida e à luta do povo brasileiro.

[38] Publicado em "A Notícia", de Joinville, edição de 19 de setembro de 2001.

ESCRITOS MARGINAIS DE UM JURISTA

Com os muçulmanos está agora acontecendo o mesmo. Imigrantes que já vivem no Brasil, alguns há muito tempo, inclusive com filhos brasileiros, são vítimas da insânia e da desinformação.

Não existe qualquer justificativa para esta atitude, como não existe qualquer motivo para discriminações contra os muçulmanos.

O Islamismo ensina que o homem é "vigário (representante) de Deus", conforme se lê no Corão.

Observa Jean-François Collange, um especialista em estudos sobre religiões, que a igualdade, a dignidade e a liberdade inerentes a todos os seres não podem ser contestadas por qualquer instância humana, segundo o ensinamento islâmico.

O Islamismo prescreve a fraternidade, adota a idéia da universalidade do gênero humano e de sua origem comum; ensina a solidariedade para com os órfãos, os pobres, os viajantes, os mendigos, os homens fracos, as mulheres e as crianças; define a supremacia da Justiça acima de quaisquer considerações; prega a libertação dos escravos; proclama a liberdade religiosa e o direito à educação; condena a opressão e estatui o direito de rebelar-se contra ela; estabelece a inviolabilidade da casa.

Há uma semelhança estreita entre a visão islâmica do ser humano (homem, vigário de Deus), a idéia cristã ensinada por Paulo (homem, templo de Deus) e a idéia de homem como imagem de Deus (Gênesis, livro sagrado de judeus e cristãos).

Mohammed Ferjani, outro brilhante autor, nega que o Islamismo seja uma Religião obtusa, que impeça seus fiéis de ingressar na Modernidade. Mostra como é preconceituosa a tese de que caiba ao Ocidente a missão civilizadora.

Participei, durante o período de meu pós-doutoramento na França, do 2º Colóquio Internacional Islâmico-Cristão.

Nessa ocasião, pude partilhar com crentes muçulmanos um projeto de mundo baseado na liberdade, na solidariedade e na Justiça. Não se tratou apenas de um intercâmbio intelectual, mas de algo muito mais profundo, radicado no afeto, na compreensão recíproca, na comunhão.

A meu ver, esse mundo que, naqueles três dias, centenas de homens e mulheres de boa vontade, supuseram possível construir, a partir do respeito mútuo e do diálogo, está bem próximo da utopia humanista redentora do mundo.

Como cristão, eu creio que o anúncio radical dessa utopia fez-se Verbo em Jesus Cristo. Mas respeito que crentes de outras crenças ou mesmo não-crentes tenham uma Fé ou uma visão filosófica diferente da minha. Sobretudo, creio que podemos trabalhar juntos por um mundo melhor, se a reverência à dignidade humana é o traço de união de nosso projeto de História.

39 – Comunidades eclesiais de base, um movimento social transformador

As *"comunidades eclesiais de base"* surgiram no seio de diversas Igrejas cristãs. Este escrito debruça-se sobre elas, enfocando-as como um movimento social transformador.

Comunidades eclesiais de base ou, abreviadamente, CEBs são pequenas células que eclodiram no interior da Igreja Católica e de outras igrejas cristãs, a partir dos anos 60, dando feição inteiramente nova às Igrejas que se deixaram tocar pelo fermento revolucionário que caracteriza essa nova forma de ser Igreja.

As CEBs são comunidades eclesiais, ou seja, comunidades que se sentem e se definem como Igreja.

São comunidades de base, isto é, comunidades que nascem na base da Igreja, no meio do povo, na periferia das cidades, nas zonas rurais, distantes dos centros de poder e das cúpulas.

Dentre outros fatores, contribuíram para o surgimento das CEBs:

a – os movimentos de Ação Católica que, segundo Tristão de Athayde, criaram as condições, tanto no plano teológico, quanto no plano sociológico, para que aparecessem as CEBs, numa superação histórico-dialética do momento precedente;

b – o Concílio Vaticano II, convocado pelo Papa João XXIII, em 1962, e que se reuniu até 1965, já quando o Papa era Paulo VI;

c – a própria presença de João XXIII, à frente da Igreja Católica, desferindo uma profunda transformação na milenar instituição, por encorajar a liberdade, a iniciativa, as novas experiências, a atualização, o ecumenismo e a abertura da Igreja para o mundo;
d – as ditaduras militares, especialmente na América Latina, fazendo das CEBs um espaço de pensamento, de autonomia e de possibilidade de expressão mental e existencial, quando a sociedade envolvente reprimia, sufocava, uniformizava e imobilizava mentes e corações.

Embora tivessem tido maior expressão dentro da Igreja Católica, as CEBs não se restringiram a esta Igreja. Também outras Igrejas Evangélicas experimentaram o fenômeno das CEBs.

Muitos estudos foram feitos sobre as CEBs. Sob o ângulo de diferentes saberes, as CEBs foram analisadas. É extensa a bibliografia sobre elas. Mereceram a análise de teólogos, sociólogos, cientistas políticos, pedagogos.

As CEBs são um dos movimentos sociais de maior relevância na História Contemporânea do Brasil.

Neste texto, não pretendemos assumir a visão específica de uma ciência determinada.

O autor deste trabalho teve toda a sua formação construída no cultivo da Ciência do Direito. Foi Juiz de Direito durante muitos anos, ensinou e ainda ensina Direito e, na maioria dos livros que escreveu, cuidou de temas da seara jurídica.

Essa formação e essa atuação profissional irão influir na elaboração deste escrito.

Mas este texto pretende ser sobretudo um depoimento.

Comecei a freqüentar uma Comunidade Eclesial de Base na década de 1970, quando passei a morar em Vitória, depois de ter residido em diferentes cidades do interior do Espírito Santo. Percorri os diversos municípios (comarcas) do Estado, em razão da mobilidade espacial que caracteriza a carreira de Juiz de Direito.

Fui convidado, juntamente com minha mulher, para fazer parte de uma CEB, pelo Padre Valdir Ferreira de Almeida, que, na ocasião do convite, era estudante de Medicina. O Padre Valdir veio depois a se formar e a exercer a profissão médica, sem prejuízo de continuar, até hoje, nas labutas de seu sacerdócio religioso.

A CEB que escolhemos (ou que nos foi destinada) localiza-se na periferia de Vitória, no Alto da Boa Vista, município de Cariacica. Nesta CEB meu filho preparou-se para a Eucaristia e fez a primeira Comunhão (1979).

Freqüentei durante muitos anos a CEB, da Boa Vista e visitei muitas outras CEBs do Espírito Santo e de outros Estados.

Fui um dos fundadores da Comissão de Justiça e Paz da Arquidiocese de Vitória (1976), a convite do então Bispo Auxiliar da Arquidiocese, Dom Luís Gonzaga Fernandes, e do então Arcebispo Metropolitano, Dom João Baptista da Mota de Albuquerque. Depois de constituída a CJP, fui eleito primeiro presidente pelo voto dos companheiros.

Exerci a presidência da Comissão de Justiça e Paz e fui membro comprometido dela, ao mesmo tempo em que exercia a judicatura. Nunca vi qualquer impedimento ético para ser uma coisa e outra. Contradição o duplo papel carregava, mas contradição criadora, pois contradição que questiona, exige e impele.

Na Comissão de Justiça e Paz tive contacto permanente com as CEBs de toda a Arquidiocese.

Coloquei-me a serviço. Ajudei. Ensinei. Mas sobretudo aprendi. Creio expressar a mais absoluta verdade se disser que aprendi mais Direito na Comissão de Justiça e Paz e junto às CEBs, do que na Universidade e nos livros. É que na CJP, nas CEBs e em outros movimentos engajados da Igreja tive contato direto com os marginalizados, com os que batiam na porta da CJP ou na porta de meu apartamento pedindo justiça e respeito a sua dignidade, contato com os que sofriam nas prisões.

Que características fizeram e fazem das CEBs um "movimento social" de realce na dinâmica da vida brasileira?

Na minha vivência e, ao mesmo tempo, na minha ótica de observador, permanentemente provocado pelo próprio ofício acadêmico a buscar o sentido das coisas, destacaria os seguintes pontos:

1 – as CEBs resgatam a solidariedade, o afeto pessoal, a comunicação direta, numa sociedade em que os laços humanos tendem à pulverização;

2 – em decorrência do fenômeno descrito na letra anterior, as CEBs devolvem aos que delas participam a face humana, num movimento contrário ao anonimato que caracteriza a vida nas grandes cidades ou mesmo nas cidades de porte médio;

3 – as CEBs dão aos pobres e aos excluídos em geral o direito de expressar-se, num mundo em que o direito de expressão tende a ser privilégio das pessoas que detêm alguma parcela de poder;

4 – as CEBs valorizam a mulher, conferem-lhe posições de liderança, numa sociedade marcada por fortes traços de machismo e inferiorização do sexo feminino, valorizam a mulher dentro de uma Igreja que, ela própria, reserva o sacerdócio apenas aos homens;

5 – as CEBs são a escola viva que substituiu o sistema escolar que as elites levaram à falência, pois constituem espaço de aprendizagem do falar, do escrever, do discutir em grupo, do pensar criticamente e com independência;

6 – as CEBs carregam uma grande mística que as impulsiona, mística que busca suas raízes na Fé e no destino transcendental do homem;

7 – as CEBs despertam a consciência de direitos, a idéia de que, além do Reino definitivo prometido para depois da morte, há o Reino a ser construído no termo desta vida;

8 – como corolário da afirmação anterior, está implícita na ideologia das CEBs a idéia de que é preciso que este mundo seja digna morada das mulheres e dos homens, pois homens e mulheres são seres extraordinários, na essência de sua condição humana, porque seres feitos à imagem e semelhança de Deus, templos do Espírito Santo (isto é, tabernáculos de Deus);

9 – as CEBs têm uma visão histórica, a missão das gerações não termina com a morte de cada geração, há um legado que se transmite, há uma linha que começa nesta vida e que encontra sua plenitude no regaço de Deus;

10 – as CEBs têm uma dimensão política, formam cidadãos, formam líderes e têm sido um celeiro de políticos comprometidos com a transformação da realidade;

11 – as CEBs são alegres, nas CEBs se canta, dramatizações são produzidas, o sorriso está nos lábios, é um encontro de irmãos;

12 – as CEBs são uma lição de resistência do povo oprimido que luta, que se organiza, que busca alternativas, que se alimenta da coragem, da união e da Esperança;

13 – as CEBs atravessam crises, sofrem com os arrochos econômicos, com o abandono a que os pobres são relegados, com o não-reconhecimento da cidadania dos privados de poder, mas esperam contra toda esperança;

14 – as CEBs estão unidas ao conjunto da Igreja, podem ser incentivadas pela Hierarquia religiosa ou podem ser desencorajadas por essa mesma Hierarquia, mas vejo as CEBs como portadoras de uma força que transpõe as contingências e as circunstâncias de um momento histórico ou de uma realidade local;

15 – por todas as observações anteriores, creio que as CEBs vieram para ficar, animadas por encontros intereclesiais, propulsionadas por Bispos, Padres, Pasto-

res e Religiosas que se converteram à pureza evangélica que existe na fé dos empobrecidos, fortificadas pelo Ecumenismo e pela sua multiplicação, no interior das mais diversas Igrejas cristãs.

40 – Deusdédit Baptista, o socialista utópico

É propósito deste texto demonstrar como o Socialismo, na sua dimensão mais alta e utópica, orientou a vida de Deusdédit Baptista, um professor, advogado, político e militante social de Cachoeiro de Itapemirim.
Como noutros textos deste livro, o autor parte da realidade paroquial para uma visão ampla e universal dos temas.
Há neste escrito bastante de testemunho pessoal.

Tentaremos mostrar que o Socialismo, em Deusdédit Baptista, não se exercitou apenas através de sua militância no Partido Socialista Brasileiro, mas espraiou-se por todas as expressões de sua vida: foi socialista na política, no magistério, na advocacia, no jornalismo. Foi socialista como cidadão, foi socialista como homem.

Veremos que seu Socialismo foi "utópico", não no sentido de irreal, desligado da vida, mas no sentido próprio de "utopia" – utopia como projeto de mundo, mundo que se constrói diuturnamente, utopia como antevisão do futuro.

Este nosso escrito é um depoimento pessoal, entremeado de lembranças, carregado de emoção. Narro aqui, antes de tudo, "o meu encontro com Deusdédit Baptista", encontro de vida, de idéias, de convergências e divergências... Encontro de afetividades... Não me parece que a emoção tire a fidelidade dos registros mas, pelo contrário, valoriza sua autenticidade. Como humanos temos emoções e somente como humanos podemos testemunhar.

É comum ouvir-se a frase: socialista na juventude, conservador na maturidade. Atrás desta frase há toda uma visão de vida: socialista na juventude porque idealista; conservador na idade madura porque pragmático. A trajetória de minha existência seguiu caminho oposto: conservador na juventude; socialista, na idade adulta. O encontro, tanto com Deusdédit, quanto com seu irmão Batistinha, contribuiu significativamente para os rumos que veio a ter minha vida.

De uma família radicalmente católica, recebi uma formação religiosa coerente com a visão dominante em minha geração. Faço hoje o *mea culpa* de todo esse tempo. Pretendi ser dono da verdade, não fui tolerante, desconheci a riqueza de contribuição, tanto no plano político, quanto no plano religioso, de pessoas e doutrinas que estavam fora do redil católico.

O grande tremor, nos alicerces da Igreja Católica, aconteceu quando João XXIII foi eleito Papa. Pela primeira vez, idéias como a de Socialismo e socialização tinham advento em documentos papais. E não apenas palavras inseridas em documentos oficiais indicavam um alvorecer. Pelo conjunto de suas posturas, atitudes, gestos e palavras, João XXIII acenava para o encontro da Igreja Católica com correntes de pensamento político e religioso que até então eram execradas pelo magistério romano.

Foi justamente nesse momento da História que certo dia Batistinha, meu colega de turma na Faculdade de Direito, disse uma frase-síntese, referindo-se ao novo Papa:

"É, João, eu acho que finalmente nós vamos nos encontrar."

Deusdédit Baptista, em artigos publicados no "Arauto", jornal do qual meu irmão Pedro foi um dos fundadores, manifestou também seu entusiasmo com o que andava a dizer João XXIII.

Já no início do meu curso de Direito (17 anos) comecei a freqüentar a casa de Deusdédit Baptista. Aquela figura me impressionava, pela sua retidão moral, pela sua combatividade e, ao mesmo tempo, pela sua humildade. Alguma coisa certamente eu teria a aprender com ele.

O tema recorrente de nossas conversas era exatamente a questão do Socialismo e a coincidência ou oposição entre Socialismo e Cristianismo. Li vários artigos e livros que o Professor Deusdédit me emprestava, muitos deles marcados com sua pena e com notas marginais de sua lavra, inconfundíveis.

Para um jovem que leia este texto, estas questões podem parecer estranhas porque ultrapassadas. Mas nós só podemos entender fatos pretéritos, rememorando as paisagens pretéritas onde os fatos ocorreram.

Ainda estudante de Direito, assisti a alguns júris nos quais o Dr. Deusdédit atuou na defesa. Quase sempre eram defesas gratuitas de pessoas muito pobres. E ainda aí, na tribuna de advogado, a oratória inflamada, o raciocínio seguro, a argumentação firme guardava coerência com os valores a que servia. A voz rouca tornava-se verbo criador quando o filho do ferroviário, na advocacia criminal, deixava patente o caráter classista da justiça, numa sociedade classista. (De propósito, gravamos "justiça", com j minúsculo, pois uma justiça classista não é Justiça).

Outra reminiscência da juventude traz a minha memória o jornal "A Época", que Deusdédit Baptista, junto com o médico Elimário Imperial e outros, editou durante alguns anos, em Cachoeiro. Era um pequeno mas combativo jornal, independente, ético. Nas suas páginas, via-se a mesma coerência de Deusdédit e daquele esplêndido grupo de intelectuais. Os fatos do momento eram invariavelmente analisados dentro de uma ótica socialista de ver a vida e o mundo.

Outro encontro da vida de Deusdédit com a minha vida aconteceu na Câmara Municipal de Cachoeiro. Eu havia fundado, com apoio de familiares e de alguns amigos, o jornal "Folha da Cidade". Era um semanário, impresso numa velha máquina, ainda bem próxima da concebida por Gutenberg. A impressão era feita página por página, vagarosamente, mas com um belo ruído. Trófanes Ramos era o chefe da oficina e orientava aquela equipe que, juntando letra por letra, compunha as palavras. Um trabalho rigorosamente artesanal. A visão socialista (ou visão autenticamente cristã) do trabalho humano já freqüentava meu espírito. Um pormenor expressivo demonstra isso. No expediente da "Folha da Cidade", não constava apenas o nome dos redatores e colaboradores, mas também o nome de todos os tipógrafos. Na época entendia-se que o trabalho de quem escrevia era intelectual, credor de grande respeito. Já o trabalho de composição tipográfica era considerado manual, num nível inferior de importância. A "Folha da Cidade" foi o primeiro jornal, de que tenho notícia, a inscrever o nome dos seus tipógrafos no "expediente". O jornal circulou até que uma enchente do Rio Itapemirim, que irrompeu de surpresa na madrugada de certo dia, destruiu a máquina impressora, as caixas de tipos e todo o estoque de papel.

Como Redator-Chefe da "Folha da Cidade", eu comparecia toda quinta-feira às sessões da Câmara Municipal, para fazer, gratuitamente e com absoluta independência, a cobertura dos trabalhos legislativos.

Deusdédit Baptista era um dos vereadores, eleito pelo Partido Socialista Brasileiro.

Pude acompanhar, cuidadosamente, não apenas o desempenho do conjunto dos vereadores, mas também o trabalho do vereador socialista Deusdédit Baptista.

Observe-se de início que a vereança era então gratuita. Entretanto, a meu ver, nunca o município de Cachoeiro teve, em toda a sua História, uma Câmara Municipal com a qualidade daquela. Deusdédit freqüentava, invariavelmente, a tribuna da Casa toda quinta-feira. Nunca faltava às sessões. Interessado nos problemas de sua comuna, era uma voz vigilante a solicitar providências, fazer reparos, criticar o que merecia crítica. Seus pareceres, sobre os mais diversos temas, eram sempre cuidadosos e responsáveis. Autor de projetos criativos, seu mandato era um esforço permanente para "construir Socialismo", dentro dos muros do "meu pequeno Cachoeiro". Na concessão de apartes e no uso de apartes, primava pela cortesia e pelo respeito ao companheiro, ainda que adversário no campo das idéias. Era um vereador modelar, cuja ação deveria ser conhecida, como exemplo e como símbolo, por todos os vereadores deste imenso Brasil.

Ninguém pode amar a grande Pátria se não amar a pequena Pátria, que é o torrão onde nascemos. Não pode haver Democracia no país se não houver Democracia no âmbito municipal. Deusdédit, não apenas como Vereador, mas no cotidiano de suas tarefas, mostrou compreender tudo isso. Foi um apaixonado amante de Cachoeiro de Itapemirim. Foi um servidor zeloso de sua cidade natal.

Depois de formado, exerci a advocacia num escritório que mantinha junto com meu irmão Paulo. Nunca fui *ex-adverso* de Deusdédit-advogado. Seria perfeitamente natural que ocupássemos posições opostas num processo, pois a advocacia faz-se justamente do confronto dialético de argumentações – tese (um advogado), antítese (o advogado contrário), síntese (a conclusão imparcial do juiz). Mas simplesmente não aconteceu de nos confrontarmos com Deusdédit Baptista em qualquer tipo de processo.

Ainda como advogado, exerci por algum tempo o cargo de Juiz Suplente do Trabalho, um cargo que não existe mais. O Juiz Suplente substituía o Juiz do Trabalho (vitalício) nas férias. O Juiz Suplente não integrava a magistratura e só percebia vencimentos quando atuava. A função não proibia o exercício da advocacia, mas Paulo e eu entendemos que não deveríamos patrocinar, dali em diante, causas trabalhistas, pois, se não havia um impedimento legal, havia um impedimento ético que atingia não apenas a mim, mas também meu irmão, sócio de escritório.

À minha face, como Juiz Suplente do Trabalho, Deusdédit Baptista compareceu por algumas vezes como advogado. Sempre como advogado de trabalhadores. Não me lembro de nenhum patrocínio seu como advogado de patrões. Não seria incoerente com seu credo socialista que, numa determinada situação, pudesse estar do lado do empregador. Afinal, o trabalhador não está, invariavelmente, com a razão. Como Juiz Suplente do Trabalho, entretanto, nunca o vi nesse papel.

Como advogado de trabalhadores, feliz daquele que contava com seu patrocínio profissional. Extremado no desempenho dessa tarefa, certamente assustava com sua pugnacidade a parte contrária.

Depois que ingressei, por meio de concurso público, na magistratura comum do Espírito Santo, novos encontros tive com o advogado Deusdédit Baptista. Fui Juiz em diversas comarcas do sul do Estado e, por diversas vezes, Deusdédit patrocinou causas perante meu juízo. Eram freqüentes as ações de família – mulheres e crianças pedindo alimentos de quem lhes devia prestar e outros tipos de pedido. Também tive oportunidade de julgar ações de acidentes de trabalho nas quais Deusdédit comparecia como advogado. Na sua múltipla ação profissional, a imagem que ficou em minha retina foi esta: Deusdédit sempre na defesa do mais fraco.

Testemunha da vida de Deusdédit Baptista, tive a alegria de defender, na Associação dos Magistrados do Espírito Santo, a outorga a ele do Prêmio "Augusto Lins", criado para homenagear, a cada ano, um advogado que devia servir de paradigma. A láurea assumia especial significado naquele ano (1977) porque estávamos a comemorar o "Sesquicentenário da Fundação dos Cursos Jurídicos". Na sessão solene em que o prêmio lhe foi conferido, fui designado para saudá-lo, em nome de todos os magistrados do Espírito Santo. Tracei então o perfil justamente de Deusdédit Baptista como protótipo do advogado.

Deusdédit e Batistinha não tinham o mesmo posicionamento político. Deusdédit sempre integrou o Partido Socialista Brasileiro (PSB), escolha que não foi a mesma de Batistinha.

Mas acima de divergências conceituais, ou mesmo de caminhos para a ação concreta, acho que havia uma identidade entre ambos, além do fato de serem irmãos – o mesmo idealismo, o mesmo desinteresse, a mesma capacidade de servir ao próximo, o mesmo devotamento à causa em que acreditavam, a mesma fidelidade à origem ferroviária, o mesmo propósito de construir um mundo mais justo e mais irmão.

Quando desabou sobre o Brasil o golpe de 1964, tanto Deusdédit quanto Batistinha foram presos, em cidades diferentes, sob alegações diferentes, em processos diferentes (se é que podemos chamar de "processos" as investigações sumárias, arbitrárias, odiosas, intolerantes que então justificaram prisões, cassações de mandatos, suspensões de direitos políticos).

Batistinha foi cassado, arrebatado de seus direitos políticos, teve de se exilar. Deusdédit, depois de preso, foi mantido "sob suspeita", como tantos brasileiros que, na gradação sutil das "punições revolucionárias", não chegaram a sofrer expressa suspensão de direitos políticos.

Numa época em que tanto se exalta o "ter", Deusdédit desprezou o "ter", optou pelo "ser".

Numa época em que o êxito, sobretudo o êxito econômico, é proposto como "escala de valor" – vale quem é "vitorioso" dentro do modelo estabelecido – a vida de Deusdédit, na contramão, é a afirmação de que o verdadeiro valor, o significado de uma vida não está subordinado a critérios tão mesquinhos.

Numa época em que o neoliberalismo propõe a competição como motor do progresso, o Socialismo utópico e humanista de Deusdédit Baptista aponta para o desafio de construir uma sociedade solidária.

Bendita cidade de Cachoeiro de Itapemirim que deu condições para que florescesse, nos seus jardins, uma vida de luz, de amor, de paz, de abnegação, de coerência como a de Deusdédit Baptista.

Entrevista – Em defesa da Cidadania

A entrevista que se segue foi publicada no jornal "Folha de Londrina", edição de 30 de novembro de 2003. Foi concedida à Jornalista Luka Morais. Aparece exatamente da maneira como o jornal a publicou.

Em defesa da cidadania

Autor de 33 livros, o professor itinerante, como o juiz aposentado João Baptista Herkenhoff se define, prega Justiça e cidadania.

O homem com um macacão sujo de graxa chega na porta do fórum e pergunta se pode entrar vestido daquele jeito. O funcionário vai até o juiz, que pede para deixá-lo entrar. Ao ser recebido pelo magistrado, é surpreendido com uma lição de cidadania:

"O senhor quis saber se podia entrar neste fórum de macacão sujo de graxa? Eu digo que o senhor não só pode, como honra este fórum, vestido de macacão sujo da graxa do seu trabalho".

Autor de sentenças inusitadas, entre elas o despacho concedido à presa que estava para dar à luz, uma homenagem à mulher e mãe, o juiz de Direito aposentado e livre-docente da Universidade Federal do Espírito Santo, João Baptista Herkenhoff, 67 anos, esteve em Londrina na semana passada. Ele fez palestra sobre cidadania e direitos humanos e participou de um debate na Universidade Estadual de Londrina (UEL).

Neste mês, o professor itinerante, como ele se define por percorrer o Brasil fazendo palestras e dando cursos ("só não fui a dois Estados: Amapá e Tocantins"), está lançando seus 32º e 33º livros: "Movimentos Sociais e Direito" e "Direito e Cidadania".

Natural de Cachoeiro de Itapemirim (ES), Herkenhoff lembra que a escolha da profissão foi influenciada pelo avô materno, um juiz de Direito apaixonado pela paz. Herkenhoff recorda com carinho: "A primeira imagem que tive de um juiz de Direito foi de um homem bom, justo, lutando por um mundo digno". E completa: "A herança que tive dele foi esse amor ao Direito e a repugnância pela violência, pelo império da força".

O avô se aposentou como juiz e escreveu dois livros "O sol do pacifismo" e "A civilização e sua soberania". Herkenhoff, que tinha na época 10 anos, foi responsável pela datilografia dos manuscritos do avô. A idéia de que a civilização, os valores éticos, e não a força bruta, devem prevalecer, foi transmitida pelo avô, um homem que, segundo Herkenhoff, tinha paixão pela Paz.

Membro emérito da Comissão de Justiça e Paz da Arquidiocese de Vitória, da qual faz parte desde 1976, o professor lembra que, exercendo o trabalho como juiz, sofreu ameaças no período da ditadura. Quando aprovada a Constituição de 1988, foi o segundo brasileiro a requerer um *habeas data*, para saber se constava algum registro contra ele nos arquivos secretos dos quartéis. Apresentou cópias de correspondências mantidas com exilados de seu Estado, e que foram violadas. Ele conta que escrevia cartas para encorajar os exilados. Membro do Comitê Brasileiro pela Anistia, Herkenhoff prega a tolerância. "É o maior antídoto contra a ditadura; a ditadura é o decreto da verdade, o império da intolerância", define.

O professor, que é católico, defende maior respeito entre as religiões. "Chame-se esse Deus de Jeová, de Alá ou de Tupã, o que importa é o respeito", afirma. Confira abaixo trechos da entrevista concedida à Folha.

Folha – Na época em que era juiz o senhor concedeu um despacho colocando em liberdade a presa Edna que esperava um bebê. No documento o senhor condenou as várias formas de marginalização a que ela era submetida: por ser mulher, pobre e prostituta. Esse posicionamento mais humanista causou alguma reação?

Herkenhoff – Tem gente que acha que minhas posições não têm a ver com Direito. Acham que é poesia, é romantismo. Eu acho que não. A meu ver o jurista tem que ter várias qualidades e uma delas é a sensibilidade. Ele não está julgando pedras nem números. Está julgando pessoas, seres humanos, que têm altos e baixos, alegrias e tristeza, conflitos. Não entendo que um juiz possa ser insensível. Tem que ter sensibilidade.

Folha – O senhor defende a multidisciplinariedade na área do Direito. E critica a clausura do Direito nos limites da dogmática jurídica. De que forma isso impede a prática da Justiça?

Herkenhoff – O jurista tradicional só vê as coisas pelo lado legal. Não é capaz de ter uma visão mais ampla. O Direito não é só o legal mas entra o psicológico, o existencial, o antropológico, o sociológico, o político. O jurista que se enclausura exclusivamente no terreno da Dogmática, do Direito como lógica, como dogma, do raciocínio silogístico, tem uma visão que não se presta para proporcionar Justiça ao povo. O caminho é a abertura do Direito a outras instâncias da vida.

Folha – Ao defender uma visão mais ampla, um conhecimento maior e mais profundo, também defende a nomeação de juízes mais experientes?

Herkenhoff – Eu acho que um jovem de 23, 25 anos não pode ser juiz. Não tem experiência de vida. Um senador da República tem que ter 35 anos, e o senador é um voto no meio do Senado, não vai decidir sozinho a questão, como é o caso do juiz. Eu acho que o amadurecimento começa a partir dos 30 anos.

Folha – No livro "Movimentos Sociais e Direito", o senhor afirma que a paz é obra da Justiça. O senhor conclui que o momento atual, conturbado e violento é fruto das injustiças?

Herkenhoff – Há muitos fatos que não apenas ameaçam a crença na Justiça. Mas há o triunfo da injustiça, a vitória da injustiça. E aí dá um certo desânimo diante do injusto tripudiando sobre o justo.

Folha – Qual a maior injustiça, na sua opinião?

Herkenhoff – Eu me revolto em primeiro lugar com as injustiças estruturais; no plano das relações políticas e econômicas internacionais.
Um exemplo: os Estados Unidos se acharem no direito de invadir o Iraque. E me revolto com a manipulação da imprensa, mudando expressões, chamando forças invasoras de forças de coalizão. Essa falta de liberdade opera no plano político e econômico. E o Brasil está nessa condição, sofrendo opressão internacional. A maior injustiça no mundo de hoje é a opressão internacional e a mais violenta é a dos EUA sobre o mundo. Meu avô queria

que a civilização estivesse sob o signo da soberania, e não sob o império das armas.

Folha – E as injustiças no Brasil?

Herkenhoff – O Brasil poderia ser um país de maior Justiça e de melhor distribuição de bens. Eliminando a fome, privilegiando o trabalho. Eu tenho antipatia por tudo que elimina trabalho. Odeio entrar numa loja onde não tem quem venda. Eu tenho que ser comprador e vendedor. Faço protesto anônimo, tirando um objeto do lugar, colocando em outro. Outro absurdo é ser atendido por gravação telefônica. Isso tira emprego. A sociedade civil poderia se voltar contra isso. Dar preferência à loja onde tenha gente para atender. Nos EUA, na Europa, é razoável que se apele para isso pois a mão-de-obra está empregada em outros setores. No Brasil, com tanto desemprego isso é anti-social. Podemos e devemos reagir contra isso.

Folha – Alguns cientistas políticos e economistas afirmam que já passou o período da Reforma Agrária. O senhor concorda com isso?

Herkenhoff – No Brasil é hora da Reforma Agrária sim. Num país onde tem gente querendo trabalho e terra, ter uma área improdutiva não é legítimo. Não pode ter amparo no Direito a detenção de uma área improdutiva. Aquele que tem área improdutiva no Brasil é inimigo do povo. Então, o MST quando ocupa uma área improdutiva dá destino social para uma área detida de maneira anti-social.

Folha – E quando o MST ocupa áreas produtivas?

Herkenhoff – Nesses casos, o MST busca repercussão política. É o seu grito de Justiça, é uma forma de protestar. Mas a área produtiva é útil, realiza seu papel. Há uma semelhança entre o ar, a água e a terra que são bens naturais que têm que ter uso humano e social. Não são bens de que alguém possa apropriar egoisticamente.

Folha – Essa posição não é utópica?

Herkenhoff – Não. Tanto que o MST tem apoio popular. Há pesquisas apontando isso e as pessoas estão tomando conhecimento disso. A Reforma Agrária é tão justa que deveria ter apoio unânime da população. O Brasil, a meu ver, não pode ter futuro sem Reforma Agrária. Ela vai aumentar os consumidores, vai impulsionar a indústria, o comércio, os serviços e vai beneficiar todo o povo brasileiro.

Folha – O senhor acredita que o governo Lula vai atingir esse objetivo?

Herkenhoff – Haverá obstáculos. O aprisionamento da dívida externa é obstáculo para tudo. Como o Brasil vai enfrentar o poderio americano, o presidente Lula tem que agir com jeito, tem que manobrar, ter habilidade porque senão derrubam o governo.

Folha – O senhor defende a criação de uma justiça especializada nessa área?

Herkenhoff – Acho que a Justiça Agrária vai prover de jurisdição as relações do mundo agrário que são totalmente diferentes das relações do mundo urbano. A singularidade dos conflitos agrários justifica isso. Vai exigir a formação de um jurista agrário que terá de ter formação diferente do jurista comum, como na Justiça do Trabalho. Isso será um avanço no Brasil e deve partir da opinião pública.

Folha – O senhor prega a Justiça, a cidadania. Como vê os casos de corrupção no Judiciário?

Herkenhoff – Isso é inaceitável, inadmissível. É o espaço onde não pode haver corrupção. Não há nenhum espaço onde a corrupção tenha tamanha gravidade como no Judiciário. É o cúmulo e gera a desesperança.

Luka Morais
Reportagem Local

Livros do autor, com registro das sucessivas edições:

1. O ensino de Organização Social e Política Brasileira, na escola de grau médio. Cachoeiro de Itapemirim, ES, edição mimeografada, 1963. Esgotado.
2. Na Tribuna do Ministério Público. Cachoeiro de Itapemirim, Editora Marjo, 1965. Esgotado.
3. Pela Justiça, em São José do Calçado. São José do Calçado/ES, 1971. Impresso na Escola de Artes Gráficas da União dos Lavradores de Vala do Souza. Esgotado.
4. Considerações sobre o Novo Código de Processo Civil. Porto Alegre, Ajuris, 1974 (Prêmio André da Rocha, ano de 1973, conferido pela Associação de Juízes do Rio Grande do Sul – 1° lugar em Concurso Nacional de Monografias). Esgotado.
5. A Função Judiciária no Interior. São Paulo, Resenha Universitária, 1977. Esgotado.
6. Como Aplicar o Direito (à Luz de uma Perspectiva Axiológica, Fenomenológica e Sociológico-Política). Rio, Forense, 1979 (1ª edição), 1986 (2ª edição, revista, ampliada e atualizada), 1994 (3ª edição, novamente revista, ampliada e atualizada), 1997 (4a. edição, mais uma vez revista e atualizada), 1999 (5ª e 6ª edições), 2001 (7ª edição), 2002 (8ª edição) e 2003 (9ª edição).
7. Uma Porta para o Homem no Direito Criminal. Rio, Forense, 1980 (1ª edição), 1988 (2ª edição, corrigida e acrescida), 1999 (3ª edição) e 2000 (4ª edição).
8. 1.000 Perguntas: Introdução à Ciência do Direito. Rio, Editora Rio, 1982. Esgotado.
9. Como Participar da Constituinte. Petrópolis, Editora Vozes, 1985 (1ª e 2ª edições), 1986 (3ª edição atualizada, 4ª, 5ª e 6ª edições). Esgotado.
10. Introdução ao Estudo do Direito (a partir de perguntas e respostas). Campinas, Julex Livros, 1987. Esgotado.
11. Constituinte e Educação. Petrópolis, Editora Vozes, 1987. Esgotado.
12. Crime, Tratamento sem Prisão. Petrópolis, Editora Vozes, 1987 (1ª edição). Porto Alegre, Livraria do Advogado Editora, 1995 (2ª edição, revista e acrescida) e 1998 (3ª edição, revista e acrescida).
13. Dilemas da Educação – dos Apelos Populares à Constituição. São Paulo, Cortez Editora/Autores Associados, 1989. Esgotado.
14. Direito e Utopia. São Paulo, Editora Acadêmica, 1990 (1ª edição) e 1993 (2ª edição). Porto Alegre, Livraria do Advogado Editora, 1999 (3ª edição revista e atualizada), 2001 (4ª edição) e 2004 (5ª edição).

15. Instituições de Direito Público e Privado. São Paulo, Editora Acadêmica, 1992. Esgotado.
16. O Direito dos Códigos e o Direito da Vida. Porto Alegre, Sergio Antonio Fabris – Editor, 1993. Em fase final de preparação para a reedição.
17. Para gostar de Direito – Carta de iniciação para gostar do Direito. São Paulo, Editora Acadêmica, 1994 (1ª edição), 1995 (2ª edição). Porto Alegre, Livraria do Advogado Editora, 2000 (3ª edição), 2001 (4ª edição) e 2003 (5ª edição).
18. Gênese dos Direitos Humanos. São Paulo, Editora Acadêmica, 1994 (1a edição). Aparecida (SP), Editora Santuário, 2002 (2ª edição).
19. Para onde vai o Direito? Porto Alegre, Livraria do Advogado Editora, 1996 (1ª edição), 1997 (2ª edição) e 2001 (3ª edição).
20. 1000 Perguntas – Introdução ao Direito. Rio de Janeiro, Thex Editora – Biblioteca da Universidade Estácio de Sá, 1996 (1ª edição) e 2000 (2ª edição).
21. Ética, Educação e Cidadania. Porto Alegre, Livraria do Advogado Editora, 1996 (1ª edição) e 2001 (2ª edição).
22. ABC da Cidadania. Vitória, Secretaria de Cidadania da Prefeitura Municipal de Vitória, 1996 (1ª edição) e 1997 (2ª edição). Em ambas as edições: 10 mil exemplares, distribuição gratuita. Esgotado.
23. Direitos Humanos – a construção universal de uma utopia. Aparecida (SP), Editora Santuário, 1997 (1ª edição), 2001 (2ª edição) e 2002 (3ª edição).
24. O Direito Processual e o Resgate do Humanismo. Rio de Janeiro, Thex Editora, 1997 (1ª edição) e 2001 (2ª edição).
25. Direitos Humanos – uma idéia, muitas vozes. Aparecida (SP), Editora Santuário, 1998 (1ª edição), 2000 (2ª edição) e 2001 (3ª edição).
26. Agenda da Cidadania (concebida pela Secretaria Municipal de Cidadania da Prefeitura Municipal de Vitória). Redação dos comentários à Declaração Universal dos Direitos Humanos. Seleção, com Vera Viana, de frases sobre Cidadania e Direitos Humanos, para a reflexão diária. Esgotado.
27. Fundamentos de Direito. Rio de Janeiro, Editora Forense, 2000 (1ª edição) e 2001 (2ª edição).
28. Justiça, direito do povo. Rio de Janeiro, Thex Editora, 2000 (1ª edição) e 2002 (2ª edição).
29. Como funciona a Cidadania. Manaus, Editora Valer (Coleção "Como funciona"), 2000 (1ª edição) e 2001 (2ª edição). Esgotado.
30. Ética para um mundo melhor – Vivências, experiências, testemunhos. Rio de Janeiro, Thex Editora, 2001 (1ª edição) e 2002 (2ª edição).
31. Cidadania para todos. Rio de Janeiro, Thex Editora, 2001 (1ª edição) e 2002 (2ª edição).
32. Movimentos Sociais e Direito. Porto Alegre, Livraria do Advogado Editora, 2004.
33. Direito e Cidadania. São Paulo, Uniletras, 2004.
34. Escritos de um jurista marginal. Porto Alegre, Livraria do Advigado Editora, 2005.
35. Escritos marginais de um jurista, Porto Alegre, Livraria do Advigado Editora, 2005.

Referências bibliográficas
(obras citadas ou consultadas):

ABOU, Selim. *Droits de l'homme et relativité de cultures*. Paris: Collège de France, 5-1990.

ALVES, Castro. *Poesias Completas*. São Paulo: Companhia Editora Nacional, 1966.

ARQUIDIOCESE DE SÃO PAULO. *Brasil: Nunca Mais*. Prefácio de Dom Paulo Evaristo Arns. Petrópolis: Editora Vozes, 1985.

BERMUDES, Aylton Rocha. *Nos sulcos do tempo*. Vitória: Grafer, 1988.

BERQUE, Jacques *et alii*. *L'Islam, la philosophie et les sciences*. Paris: Unesco, 1986.

——. "Teilhard de Chardin – Sinfonia universal". São Paulo: Editora Letras & Letras, 1992.

BETTO, Frei. *Cartas da Prisão*. Rio de Janeiro: Civilização Brasileira, 1977.

BOFF, Leonardo. *Teologia do Cativeiro e da Libertação*. Petrópolis: Vozes, 1985.

BOURGUIGNON. (Organização e anotações). *Codes Français*. Paris: Joubert, Videcoq, Warée & Thorel, 1838.

BRAGA, Newton. *Poesia e Prosa*. Rio de Janeiro: Editora do Autor, s/d.

CÂMARA, Dom Hélder. *O Deserto é Fértil*. 2ª ed. Rio de Janeiro: Civilização Brasileira, 1975.

CÂMARA, Dom Hélder. *Revolução dentro da Paz*. Rio de Janeiro: Sabiá, 1968.

CAMPOS, Geir. *Antologia Poética*. Organização e projeto gráfico de Israel Pedrosa. Rio de Janeiro: Léo Christiano Editorial, 2003.

——. *Operário do Canto*. Rio de Janeiro: Antunes & Cia., 1959.

CASTORIADIS, Cornelius. *Le délabrement de lOccident*. Entretien avec Cornelius Castoriades. Propos recueillis par Olivier Mongin, Joël Roman et Ramin Johanbegloo. In: Esprit. Revue internationale. Paris, n. 177, 12-1991.

CHARDIN, Teilhard de. "*Le Phénomène Humain*". Paris, 1955.

——. O Fenômeno Humano. Trad. por León Bourdon e José Terra. São Paulo: Editora Herder, 1965.

——. Reflexões e Orações no Espaço-Tempo. Trad. por Frei Pedro Secondi, O. P. Rio de Janeiro: Livraria José Olyimpio, 1978.

COLLANGE, Jean-François. *Théologie des Droits de l'Homme*. Paris: Les Éditions du CERF, 1989.

COMISSÀO PONTIFÍCIA "JUSTIÇA E PAZ". *Justiça no Mundo*. Rio de Janeiro: Civilização Brasileira, 1977.

FERJANI, Mohammed Chérif. *L'islam, une religion radicalement différente des autres monothéismes?* In Esprit. Revue internationale. Paris, n. 172, junho de 1991.

FERREIRA, Aurélio Buarque de Holanda. *Novo Dicionário da Língua Portuguesa*. Rio de Janeiro: Nova Fronteira, 1999.

FIGUEIREDO, Padre Antônio Pereira de. *Bíblia Sagrada*. Tradução e notas. São Paulo: Editora das Américas, 1950.

FRANCO, Afonso Arinos de Melo. *O Pensamento Constitucional Brasileiro*. Brasília: Câmara dos Deputados, 1978.

GUIMARÃES, Ewerton Montenegro. *A Chancela do Crime*. Rio de Janeiro: Âmbito Cultural Edições, 1978.

GURGEL, Antônio de Pádua. *O Menino da Ilha*. Vitória: Contexto Jornalismo e Assessoria, 1998.

HERSCH, Jeanne, organizadora. *O direito de ser homem*. Trad. por Homero de Castro Jobim. Rio de Janeiro: Editora Conquista, 1972.

JOÃO XXIII. *Mater et Magistra*. Rio de Janeiro: Livraria José Olympio, 1963. Trad. por Luís José de Mesquita. Introdução de Alceu Amoroso Lima.

LINS, Pedro Estellita Carneiro. *A Civilização e sua Soberania*. Joinville: Typ. Boehm, s/d.

MAFRA, Homero. *Flauta em surdina*. São José do Calçado: Sea Informática de Itaperuna, 1996.

MARITAIN, Jacques. *Introdução Geral à Filosofia*. Rio de Janeiro: Agir, 1956.

MELLO, Thiago de. *Faz escuro mas eu canto*. Rio de Janeiro: Civilização Brasileira, 1978.

MOLTMANN, Jürgen. "Direitos Humanos, Direitos da Humanidade e Direitos da Natureza." Trad. por Bertilo Brod. In Concilium, n. 228 – 1990/2.

MORAES, Vinícius de. "O Operário em Construção". In: Comunicação em Língua Portuguesa. (Primeiro Grau – 8ª série). Carlos Emílio Faraco & Francisco Marto de Moura. São Paulo: Editora Ática, 1979.

NINA, A. Della. (Organização e coordenação). *Dicionário Enciclopédico da Sabedoria*. São Paulo: Editora das Américas, 1955;

PAPISCA, Antonio & Marco Mascia. *Le Relazioni Internazionali nell'era della interdipendenza e dei Diritti Umani*. Padova: Cedam, 1991.

POZZOLI, Lafayette. *Maritain e o Direito*. São Paulo: Edições Loyola, 2001.

PRADO, Antônio Boaventura Santos. *Como combater a tortura* – Relatório do Colóquio Internacional realizado em Genebra, 1983. François de Vargas, relator. Tradução de Eglê Malheiros. Florianópolis: Universidade Federal de Santa Catarina e OAB de Santa Catarina, 1986.

RAMOS, Graciliano. *São Bernardo*. São Paulo: Martins, 1974.

RIVIÈRE, H. F. (Org.). *Codes Français*. Paris: Librairie Marescq Ainé & Librairie Plon, 1894.

SPINK, Mary Jane Paris & outros. *A Cidadania em Construção*. São Paulo: Cortez Editora, 1994.

STORNIOLO, Ivo & Euclides Martins Balancin (Introdução, notas e tradução). *Bíblia Sagrada – Edição Pastoral*. São Paulo: Edições Paulinas.

VIEILLE Paul & Farhad Khosrokhavar. *Le discours populaire de la Révolution Iranienne*. Editions Contemporanéité. 2 vols. Vol. 1 – Commentaires. Vol. 2 – Entretiens.

Impressão:
Editora Evangraf
Rua Waldomiro Schapke, 77 - P. Alegre, RS
Fone: (51) 3336.2466 - Fax: (51) 3336.0422
E-mail: evangraf@terra.com.br